Hacer visible
lo invisible

Coordinación editorial:
DÉBORA FEELY

Diseño de tapa:
DCM DESIGN

ERNESTO GORE
MARISA VÁZQUEZ MAZZINI

Hacer visible lo invisible

Una introducción

a la formación en el trabajo

Nueva edición corregida y aumentada

GRANICA

BUENOS AIRES - MÉXICO - SANTIAGO - MONTEVIDEO

BUENOS AIRES   Ediciones Granica S.A.
Lavalle 1634 - 3° G
C1048AAN Buenos Aires, Argentina
Tel.: +5411-4374-1456
Fax: +5411-4373-0669
E-mail: granica.ar@granicaeditor.com

MÉXICO   Ediciones Granica México S.A. de C.V.
Cerrada 1° de Mayo 21
Col. Naucalpan Centro
53000 Naucalpan, México
Tel.: +5255-5360-1010
Fax: +5255-5360-1100
E-mail: granica.mx@granicaeditor.com

SANTIAGO   Ediciones Granica de Chile S.A.
Padre Alonso Ovalle 748
Santiago, Chile
E-mail: granica.cl@granicaeditor.com

MONTEVIDEO   Ediciones Granica S.A.
Scoseria 2639 Bis
11300 Montevideo, Uruguay
Tel: +5982-712-4857 / +5982-712-4858
E-mail: granica.uy@granicaeditor.com

www.granica.com

Gore, Ernesto
Hacer visible lo invisible : una introducción a la formación en el trabajo / Ernesto Gore y Marisa Vázquez
Mazzini. - 1a ed. - Buenos Aires : Granica, 2010.
208 p. ; 22x15 cm.

ISBN 978-950-641-580-8

1. Capacitación Laboral. I. Vázquez Mazzini, Marisa II.
Título
CDD 651.3

ÍNDICE

INTRODUCCIÓN
A LA NUEVA EDICIÓN

Pensemos en un manual de formación laboral. En él encontraremos referencias ordenadas sobre cómo planificar, organizar, dirigir y evaluar acciones de capacitación en organizaciones. Bien; eso, exactamente, es lo que este libro no es. No nos propusimos dar instrucciones sobre qué se debe hacer ni indicar cuáles son "los equis pasos para...", sino proponer caminos diversos, compartir enfoques, narrar historias de extravíos, frustraciones y logros. Quizás, entonces, se asemeje más al diario de un viajero que a un manual.

¿Qué puede esperarse de este trabajo? El lector podrá encontrar un conjunto de relatos reales o, al menos, considerablemente verosímiles, representativos de la problemática de la formación en ámbitos laborales. Encontrará también planteos explícitos de ideas y nociones que ayudan a comprender la situación expuesta en el caso. Y, finalmente, hallará algunas recomendaciones para la acción y algunas respuestas probadas o posibles. En otras palabras: nuestra aproximación, a diferencia de la que sería de esperar de un manual, no avanza desde los fundamentos hacia las aplicaciones, sino desde la particularidad de las situaciones hacia las reflexiones que ayudan a comprender la realidad y actuar sobre ella.

Los seis relatos que constituyen los ejes centrales de otros tantos capítulos no han sido seleccionados exclusivamente como ejemplos de buenas prácticas de formación, aunque esperamos que el lector pueda reconocer algunas. Varias de las narraciones se proponen principalmente mostrar la ambigüedad, la incertidumbre y la confusión propias de los problemas cotidianos en los que está inmerso quien actúa en contextos organizativos. Ambos autores estamos convencidos de que el profesional de la capacitación laboral no es un proveedor de soluciones didácticas "prolijas" para demandas de aprendizaje claras y precisas. Participa de un contexto en el cual las personas aprenden, de manera espontánea y probablemente sin advertirlo, determinadas maneras de hacer, pensar, valorar y vincularse. Por eso, quizás una de sus responsabilidades principales sea la de hacer visible lo invisible, promover la reflexión acerca de qué se aprende, cómo se aprende y cuáles son los efectos de estos aprendizajes en las personas y en el hacer colectivo. Sólo a partir del reconocimiento del "poder formativo" del contexto podrá construir, en diálogo con los diferentes actores, una intervención profesional que verdaderamente contribuya al proyecto común que da sentido a la organización.

Como suele ocurrir en los libros escritos por dos autores, este es un emprendimiento "a dos voces". Por momentos, estas confluyen en un unísono que resulta de varios años de discusión y trabajo conjunto. En otros momentos, en cambio, lo que predomina es la polifonía propia de las identidades y abordajes personales de cada uno. Por eso es probable que el lector identifique un corpus homogéneo de ideas y conceptos en el enfoque y, a la vez, estilos diversos en las narraciones.

El primer capítulo se propone explicitar algunos supuestos básicos que guían nuestra mirada en relación con la formación en las organizaciones y que, en cierta medida, constituyen la base de lo que enseñamos en el seminario sobre Formación en las Organizaciones, en la Maestría de Estudios Organizacionales de la Universidad de San Andrés en Buenos Aires.

Como las seis historias incluidas tuvieron lugar en la Argentina –una de ellas en una escuela, las cinco restantes en empresas–, el lenguaje utilizado es el castellano del Río de la Plata. El lector de otras latitudes deberá disculparnos; era indispensable que los protagonistas hablaran como suelen hacerlo.

El primer caso se desarrolla en un diario de provincia. El relato muestra que la realidad es un maestro que dice demasiadas cosas al mismo tiempo, y que cada persona aprende de ella algo diferente. Entender el carácter equívoco de los hechos que nos rodean y las múltiples interpretaciones posibles permite comprender la racionalidad de los otros, aunque los puntos de articulación entre su mirada y la nuestra sean a veces tan escasos que no nos resulte posible coordinar acciones.

La segunda historia pone de manifiesto el carácter contextualizado de las acciones de capacitación, es decir, su vinculación ineludible con los procesos de aprendizaje no planeados que se producen por el mero hecho de estar en una organización. Veremos que lo que las personas hacen –así como también lo que dejan de hacer– suele ser consecuencia de una lectura correcta del limitado espacio que existe para discutir y probar cosas diferentes. La formación en el trabajo no es una incrustación de información en la mente de los individuos, sino la ampliación de las posibilidades para entender y actuar en un contexto real.

El tercer capítulo se refiere a una escuela que desarrolla su acción en una comunidad en formación, donde los códigos de violencia son modos de relación habituales. El trabajo de la escuela no puede ser entendido si se lo limita a sus propios marcos; la institución escolar debe transformarse para encontrar a la comunidad y a su vez transformarla. En este proceso, alumnos, docentes y vecinos generan realidades de las que ellos mismos aprenden. Aunque parezca que esto es propio de una escuela y de un contexto muy especiales, ilumina el diálogo que siempre existe entre una organización y su entorno.

En el cuarto intentamos mostrar el aprovechamiento del potencial formativo de dos entornos diferentes: el aula y el puesto de trabajo. Cada uno de ellos se caracteriza por determinadas condiciones materiales, ciertas reglas, una trama de relaciones, un lenguaje propio. Como ámbitos de enseñanza, ambos presentan posibilidades y límites. Pero pueden complementarse: la alternancia entre la acción (en el puesto) y la reflexión sobre la acción (en el salón de clase) se revela, en el caso que relatamos, como apta para promover el desarrollo de las capacidades requeridas por la tarea.

En el quinto caso, sexto capítulo, reflexionamos sobre la evaluación de programas de formación, con una perspectiva diferente de la que suele adoptarse en las organizaciones. Relatamos una experiencia en la cual la modalidad de evaluación elegida favoreció el aprendizaje individual y contribuyó al aprendizaje organizacional. Permitió a los individuos valorar su tarea, mejorarla, enriquecerla y ensamblarla con la de otros. A la vez, generó condiciones para construir una visión compartida, comprender en conjunto las metas a lograr entre todos, y diseñar acciones para mejorar el desempeño de la organización.

El séptimo capítulo describe una red de negocios donde es posible ver cuánto de mediación entre perspectivas diferentes puede haber en la acción formativa. El conocimiento que esta red necesita para operar no está ahí, como un contenido listo para ser enseñado y aprendido. Es la red misma la que, al operar, crea conocimiento a partir del intercambio de información, miradas, criterios y experiencia acumulada de los individuos que la componen. El lector podrá observar cómo estos intercambios modifican el comportamiento de la red, que no es meramente un contenedor de los aprendizajes de los individuos que la forman, sino un sujeto aprendiente.

Más allá del capítulo uno, de los seis casos que componen este libro, los tres primeros se relacionan con el potencial formativo de la organización, sin que medien diseños didácticos o experiencias en aula. Los otros tres enfocan el aula como espacio de aprendizaje y ponen en juego algunas de sus posibilidades y limitaciones con respecto al aprendizaje colectivo, su relación con la tarea y con la transferencia al ámbito de trabajo.

Si consideramos el carácter específico, local, particular de cada una de las organizaciones, está de más aclarar que nada de lo que este libro contiene puede ser trasladado irreflexiva o automáticamente a los diferentes contextos en los que le toque desempeñarse a cada uno de los lectores. Nuestra intención es compartir una cierta manera de pensar el aprendizaje, la formación para el trabajo en organizaciones y la construcción colectiva de conocimiento. Esperamos que el lector, en el diálogo imaginario con los autores que supone toda lectura, pueda disentir, reconocerse en nuestras palabras, preguntarse, interpelarnos y, finalmente, decidir qué de todo esto le sirve o le sobra.

EL APRENDIZAJE COLECTIVO

Este es un libro introductorio, pero no porque sea elemental sino simplemente porque se propone abrir temas de discusión más que cerrarlos. Muchos de esos temas están todo el tiempo delante de nosotros, sin embargo suelen estar ausentes de la agenda. Esto es así, en parte porque solemos pensar los problemas relacionados con la formación, el aprendizaje y la organización misma, a partir de teorías equivocadas. Como es difícil ver aquello que no terminamos de entender, es común que para muchos de nosotros estos temas sean invisibles aunque estén delante de nuestros ojos, por eso hablamos de "hacer visible lo invisible".

A lo largo de las narraciones y de los casos en los que se basa cada capítulo, veremos a las organizaciones facilitando o dificultando sus propios aprendizajes. La comprensión de este último aspecto, el de las organizaciones como impedimento, es indispensable para comprender el fenómeno de la formación en contextos organizativos.

Las organizaciones obstaculizan su propio aprendizaje

Por más que el contexto les imponga a las organizaciones la necesidad del cambio, hay algo de paradójico en esa demanda, porque las organizaciones han sido diseñadas para hacer algo de cierta manera y mediante ciertas rutinas. En realidad, existen precisamente para evitar cambios y asegurar el cumplimiento de rutinas que se mostraron útiles en algún momento, por eso Weick y Westley (1996) se refieren a la organización que aprende como un oxímoron. La división vertical del trabajo por niveles de responsabilidad, la división horizontal del trabajo por funciones, la estandarización de reglas y procedimientos, y el trabajo individual coordinado desde la conducción, aunque sean en sí mismos formas de aprendizaje, son difícilmente compatibles con la innovación. Desde cierto punto de vista, podemos decir que las organizaciones han sido diseñadas para obstaculizar el aprendizaje colectivo.

Otra fuente de obstáculos al aprendizaje colectivo parece residir en nuestras ideas respecto del aprendizaje y en las prácticas de capacitación que se desprenden de estas ideas.

La familiaridad del aula es engañosa

El entrenamiento se utiliza mucho en las organizaciones para generar nuevas competencias, y a veces funciona y otras, no. El análisis sobre los resultados de la capacitación debería estar centrado en si un cierto colectivo adquirió una competencia que antes no tenía. Sin embargo, según nuestra experiencia, este análisis no es demasiado frecuente.

Esto puede deberse en parte a que todos los procedimientos y rutinas ligadas a la formación en las organizaciones tienen una familiaridad engañosa en tanto replican las conocidas formas institucionales de la escuela. Los académicos, acostumbrados a no cuestionar las aulas como institución, no encuentran nada llamativo en que haya aulas en una empresa. La capacitación se ejecuta como si supiéramos de qué se trata, cuando en realidad no lo sabemos: el cambio de contexto va mucho más allá de los rituales organizativos e influye en el aprendizaje y en sus posibilidades de transferencia. Todas las preguntas que no nos hacemos cuando se trata de un aprendizaje escolar deberíamos hacerlas cuando estamos hablando de aprendizaje en contextos organizativos.

La razón es simple: el aprendizaje escolar debe ser transferido a un contexto inespecífico o, por lo menos, desconocido a priori, por lo tanto imposible de ser evaluado en el marco de la institución. La capacitación laboral ejecutada en una empresa debe ser puesta en práctica en ese mismo contexto, donde todas las relaciones establecidas, las expectativas recíprocas, los hábitos, las rutinas y, muchas veces, los mismos sistemas de incentivos y los procedimientos, no prevén el cambio que la capacitación está proponiendo.

Teorías equivocadas sobre la capacitación

Muchas de las perspectivas que guían la acción de capacitación, aunque pueden ser aleatoriamente útiles, comparten teorías equivocadas sobre el aprendizaje y sobre la organización.

La visión de un aprendizaje individual, independiente de la persona, donde esta no es protagonista, trata al conocimiento como una posesión y no como un diálogo entre lo que se sabe y lo que se aprende. Operamos muchas veces en base a una cierta metáfora vacunatoria de los procesos de enseñanza y de aprendizaje, una forma errada pero ampliamente difundida de pensar la acción de generar capacidades: el sujeto es pasivamente expuesto a un estímulo activo (contenidos-conceptos-ideas-información… vacuna). Duele un poco, pero si se verifica que (a)prendió, el efecto tiene vigencia durante un determinado tiempo. Si no (a)prende, se repite la operación. Esta metáfora es engañosa en tanto pasa por alto al menos tres aspectos centrales de la formación para el trabajo (Vázquez Mazzini y Gore, 2002).

En primer lugar, la visión del conocimiento como una posesión individual lleva a ignorar los acuerdos necesarios para transformar el conocimiento en acción (Cook y Brown, 1999). El aprendizaje de algo que debe ser utilizado en un contexto determinado (con sus reglas, sus creencias y sus roles, y en coordinación con otros) es mucho más complejo que la repetición de lo aprendido en el contexto del aula.

Para que el conocimiento sea operable, hace falta lograr acuerdos, explícitos o tácitos, con otros para poner en acción el conocimiento en cierto tiempo y en cierto lugar.

A su vez, quien aprende no es pasivo (como tampoco lo es en la educación formal); no va a modificar sus acciones ni sus ideas a menos que sienta que puede hacer algo distinto y que el cambio le aportará algún tipo de beneficio.

Por último, a diferencia de lo que ocurre en la vacunación, el conocimiento no es una sustancia más o menos inerte inyectada desde afuera. En la capacitación, el conocimiento no es sólo un insumo preexistente, como veremos más adelante en los casos más interesantes, sino más bien un producto de la capacitación.

Teorías equivocadas sobre la organización

Esta imagen de individuos aislados, pasivos, sin motivación propia y sin protagonismo, es coherente con la visión de la organización como una máquina (Morgan, 1986). Sin embargo, desde la óptica de Wenger (2000), la organización no es una máquina con forma de pirámide que se mueve por relaciones de mando y obediencia, como suele resultarnos cómodo creer. Todos sabemos que en las organizaciones las personas no hacen lo que sus jefes les dicen que hagan, sino más bien lo que sus jefes hacen. Los motores de la acción no están en la obediencia, sino en el significado; la gente hace aquello a lo que le encuentra sentido. El sentido es una producción del conjunto, se construye con los "otros significativos" (Weick, 1995). De allí que la organización pueda ser considerada como un conjunto de redes interpersonales productoras de sentido y generadoras de conocimiento, una constelación de comunidades de práctica (Wenger, 1998).

El conocimiento capaz de convertirse en acción no es el que adquiere una persona sola: es aquel capaz de modificar las relaciones entre distintos individuos. Por eso, cuando hablamos de aprendizaje colectivo no estamos utilizando una metáfora; nos referimos a un desempeño competente en un contexto determinado, pensado y ejecutado por una o más comunidades o redes de práctica, que interactúan con intereses comunes a lo largo de una historia compartida (Weick y Roberts, 1993; Brown y Duguid, 2001; Wenger,1998, 2000; Gore, 2003).

En consecuencia, el sujeto colectivo capaz de aprender no es la organización en su conjunto, sino la comunidad de práctica. Consiste en un grupo de personas que comparten un emprendimiento en común, una identidad dada por la pertenencia a la comunidad, y un repertorio de recursos simbólicos y materiales. Wenger (1998) caracteriza a la organización como una constelación de comunidades de práctica que se entrelazan en torno a metas, reglas y creencias corporativas.

Brown y Duguid (2001) han señalado que el conocimiento es líquido (*leaky*), fluye entre redes que comparten ciertas prácticas, y que cuando no hay prácticas compartidas se vuelve pegajoso (*sticky*), se fija y no circula. Esto significa que, más allá de la participación en una comunidad real, una práctica compartida puede hacer que el conocimiento adquirido en un contexto se utilice en otro.

Debemos centrarnos, por consiguiente, en la trama de vínculos que hacen posible el trabajo de cada persona con otras para entender, en ese contexto, el rol de la capacitación. No hay construcción colectiva de conocimientos sin la modificación, generación o redefinición de vínculos. Por eso, no alcanza con que la persona se exponga a la luz de nuevas ideas. Más allá de la tecnología educativa, la calidad del docente o la claridad de los contenidos, es necesario que el individuo trabaje activamente con otros para rehacer acuerdos explícitos o tácitos a fin de actuar de manera diferente.

Capacitar para hacer cosas que antes no se habrían podido hacer

La capacitación que genera resultados significativos y claramente reconocibles no se reduce a la transmisión de información preexistente, sino que consiste, en alguna medida, en la construcción de nuevos conocimientos.

Las concepciones que cada persona sostiene acerca de su trabajo, aunque a veces puedan parecer a otros arbitrarias o tontas, son el producto de una experiencia específica bien fundada en razones. Cualquier exposición brillante de un instructor en sentido contrario les sonará como información interesante para tener en cuenta, pero difícilmente se transforme en una pauta de acción capaz de modificar sus rutinas y supuestos (compatibles con las rutinas y los supuestos de sus pares y de sus jefes).

En cambio, cuando los instructores brindan a la gente las condiciones para resolver problemas en conjunto o simplemente para conversar acerca de cómo cada grupo percibe al otro, los conocimientos más significativos –los que den sentido a su aporte– provendrán de la dinámica misma del intercambio entre grupos participantes con distintas visiones. El aporte de conocimientos y teorías propios de la disciplina o de la experiencia personal del instructor permitirá enriquecer, dar vuelo y perspectivas al diálogo, pero no lo reemplazará. Cuando esto es así, el conocimiento que surge del diálogo no existía antes de la actividad, no es un insumo de esta, sino un producto.

Como hemos visto, el hecho de que una persona tenga capacidad para realizar una tarea de otra manera, no significa que pueda realizar los ajustes necesarios para que tal cosa se ponga en práctica en la acción colectiva y en un contexto que tiene sus propias reglas, explícitas o implícitas. Es indispensable que esté comprometida otra gente, con diferentes niveles de poder y de atribuciones, para que se vayan dando las condiciones que permitan una nueva práctica. Esa red de gente que quiere producir algún cambio en la organización, y que tiene algún acuerdo acerca de modificaciones que hay que hacer en las rutinas, y ciertas discusiones que hay que tener dentro de la organización para que esas modificaciones se pongan en práctica, es lo que llamamos una "red de programa" (Gore, 1996, 2003).

Ciertos contenidos de aprendizaje se logran al poner en discusión la experiencia de las personas. La tarea del instructor consiste en articularla con los contenidos que ellas traen y con las demandas de la red de programa. Manejar la clase es, en realidad, articular distintos grupos, algunos de los cuales no están presentes, cada uno con su sistema de creencias. Todo proceso de capacitación lleva implícito un proceso de mediación entre dos o más redes, cada una con su propio bagaje de creencias y conocimientos. Este papel no siempre es percibido por las universidades, que consideran a la capacitación como la transmisión de un contenido abstracto.

Aunque, por similitud con la escuela, los procesos de capacitación suelen ser vistos como algo que transcurre en un aula, el aprendizaje en la organización se da primordialmente en comunidades y en redes de práctica. Los procesos por los cuales se va cimentando la pertenencia son los mismos por los cuales se va construyendo el aprendizaje. Así, por ejemplo, Wenger (1998) describe el fenómeno de participación legítima periférica por el cual los jóvenes se van acercando desde los bordes hacia el centro de los grupos que manejan cierto tipo de prácticas. Del mismo modo, se puede observar cómo los grupos que dominan prácticas clave dentro de la organización construyen su aprendizaje a través de la interacción en un proceso que aúna aprendizaje, identidad y significado. También son fuente de aprendizaje y de conocimiento los vínculos entre distintos grupos, relaciones de frontera, procesos que no se dan dentro del aula, pero que tienen que ver con la capacitación y con rutinas que construyen o que destruyen la posibilidad de crear cierto tipo de aprendizajes.

Notablemente, aunque la principal fuente de aprendizaje se relaciona con la inclusión en un grupo y con la interacción entre distintos grupos, la lógica de la capacitación es extractiva, centrada en separar a la gente de su grupo y de su contexto para trabajar en un aula (Wenger, 1998; Brown y Duguid, 1991). Si bien el trabajo de aula puede ser muy útil a veces, debe recordarse siempre que es un recurso artificial. No solamente no puede reemplazar al aprendizaje que se da en la red de práctica sino que, si para algo sirve, debe ser para ayudar a entender por qué aquello que era necesario no pudo aprenderse en el lugar de trabajo. Desde este enfoque, en los tres capítulos relacionados se verá que el aula, si bien se utiliza como recurso, no es pensada como un sustituto de la experiencia en el lugar de trabajo, sino como un ámbito en el que la experiencia de trabajo pueda ser revisada, revisitada o revista.

Aunque no es un tema que abordemos aquí, es interesante notar que con esta perspectiva, una agenda de capacitación para una empresa u organización, cualquiera que sea esta, debería poder mirar con cierta suspicacia la tendencia a separar a los aprendizajes de la gente y el contexto en el que trabajan (Brown y Duguid, 1991). Más que centrarse en un insumo, como son los cursos, debería hacerlo en la identificación y en el fortalecimiento de las comunidades de práctica, así como en la creación de puentes entre ellas (Vázquez Mazzini y Gore, 2002).

Bibliografía

Brown, J. S. y Duguid, P.: "Knowledge and Organization a Social-Practice Perspective". En *Organization Science,* Vol. 12, March-April 2001, p. 198-213.

———————— "Organizational Learning and Communities-of-Practice: Towards a Unified View of Working, Learning and Innovation". En *Organization Science,* Vol. 2, N° 1. Special Issue: Organizational Learning: Papers in Honor of (and by) James, March 1991, p. 40-57.

Cook, S. D. N y Brown, J. S.: "Bridging Epistemologies: The Generative Dance between Organizational Knowledge and Organizational Knowing". En *Organization Science,* Vol. 10, N° 4, Jul-Aug 1999, p. 391-400.

Gore, E.: *Conocimiento colectivo.* Granica, Buenos Aires, 2003.

———————— *La educación en la empresa.* Granica, Buenos Aires, 2da. edición, 1996.

Morgan, G.: *Images of Organization.* Sage, Beverly Hills, CA, 1986.

Vázquez Mazzini, M. y Gore E.: "Construcción social del conocimiento", ponencia presentada en el XIII Congreso de Capacitación y Desarrollo, Buenos Aires, ADCA, diciembre de 2002.

Weick, K. y Roberts, K.: "Collective mind in organizations: Heedful Interrelating on Flight Decks". En *Administrative Science Quartely,* 38, 1993, p. 357-381.

Weick, K. y Westley, F.: "Organizational Learning, affirming an Oxymoron". En Clegg, S. R., Hardy, C. y Nord, W. R (Eds.): *Handbook of organization studies*, Sage, London, 1996, p.440-458.

Weick, K.: *Sensemaking in Organizations*. Sage, Thousand Oaks, CA, 1995.

Wenger, E.: *Communities of Practice - Learning, Meaning and Identity*. Cambridge University Press, New York, 1998.

Wenger, E.: "Communities of Practice and Social Learning Systems". En: *Organization*. Sage, Thousand Oaks, CA, Vol. 7, 2000, p. 225-246.

CAPÍTULO 2

DON ENZO: LA CULTURA ORGANIZATIVA Y LOS LÍMITES DE LA INTERVENCIÓN[1]

A continuación veremos el caso "Don Enzo". El tema aquí es el aprendizaje a través de la experiencia, tanto en el plano individual como en el colectivo. Veremos que en el plano individual no aprendemos tanto de lo que nos sucede como de las explicaciones que construimos acerca de lo que nos sucede. Discutiremos el concepto, aparentemente contradictorio, de teoría de la acción, *como una forma de conocimiento que nos indica qué debe hacerse para que las cosas funcionen de cierta manera. Veremos cómo nuestras teorías de la acción nos llevan a desplegar ciertas maestrías y a entender la realidad desde cierto punto de vista, al tiempo que ocultan otras miradas posibles.*

En el plano colectivo, aprender de la experiencia también tiene sus propias posibilidades y sus límites. En tanto la organización es un sistema de vínculos relativamente estables, esos aprendizajes tienden a crear construcciones, valores y supuestos básicos que conforman las relaciones entre las personas y constituyen una cultura organizativa que, a su vez, también facilita aprender algunas cosas de la experiencia al tiempo que dificulta otras.

---

1. Los casos analizados en este libro son auténticos, pero los nombres de las organizaciones son ficticios para proteger la confidencialidad.

El caso

¿Qué cómo anda el diario, me preguntás?... Y, qué sé yo, ¿qué querés que te diga? Mirá, vos sabés que *La Voz de Nortesur* es toda una institución en la ciudad. Lo fundó en 1929 Zacarías Flores de la Plaza. Su nieto, don Enzo, lo dirige desde 1985..., qué cosa, cómo pasa el tiempo. La tirada del periódico es de 6.500 ejemplares, bastante bien para un pueblo como Nortesur. Al fin y al cabo, todos los benditos días sale de 24 páginas con una cantidad de avisos que los Roble, los dueños de *El Pregón*, le envidian.

Claro que *El Pregón* tiene todos los avisos que la Municipalidad le escatima a *La Voz*. Todo viene de la investigación que le hicimos al intendente por la pavimentación de la avenida de los Sauces. Cuando lo denunciamos fue una locura: la serie de notas tituladas "¿Qué sucede con los Sauces?" vendió una barbaridad. El diario se agotaba en horas. Es cierto, también estaba el bingo[2], pero las ventas treparon hasta los 21.000 ejemplares. La gente de la Municipalidad decía que el bingo lo pagaba la oposición para que *La Voz* se vendiera más y hacer más ruido con lo de la avenida.

El asunto es que cuando se acabó lo del bingo, las ventas cayeron a 15.000, 12.000, 8.900, 7.600 y, finalmente, a 6.500.

¿Que por qué pasó esto, me decís? El diario no va mal, va bien, deja plata si uno no pretende hacerse millonario. Porque con el asunto del campo y el hotel, que también son de la familia, nunca se sabe bien si el diario da dinero o no. O cuánto da realmente.

La política de don Enzo, como la de su abuelo, es mantener el bolsillo cerrado. "La plata que sale –dice una y otra vez– se fue; la que entra, todavía hay que verla."

---

2. Juego de azar, similar a la lotería.

De todas maneras, lo que sale es mucho, los gastos crecen y las entradas son difíciles de aumentar. El contador, por ejemplo, decía que con la tirada de 20.000 ejemplares se perdió dinero, porque el costo del papel fue más alto que el aumento de la publicidad. Eso sí, al diario lo terminaron conociendo todos. No te imaginás, esos días fueron una locura, ¡no se hablaba de otra cosa que de *La Voz*, el bingo y los Sauces...! Claro que, después de ese gastadero, Enzo dijo que había que parar un poco la mano. Uno no se da cuenta, pero las notas de la avenida de los Sauces fueron un gasto de taxi y fotos y teléfono que ni te cuento. Además, el pibe que las hizo quería que don Enzo lo efectivizara, pero era muy caro. Ahora tiene un programa en el cable. Se fue del diario. Al final, en su lugar quedó Clarita, la mujer del primo de Enzo, que es profesora en Letras. Ella hacía tiempo que quería hacer algunas notas sobre educación infantil y sobre conceptos básicos de la educación cívica y varias cosas más. Al final se dio el gusto, la pobre; don Enzo en eso es muy buena persona.

De todas maneras, don Enzo dice que el diario no lo va a vender nunca. Todos en la ciudad saben que los Plaza son periodistas natos. Tanto embromó Chiche, el hijo de la hermana de Enzo, que compraron las computadoras. ¡Ah, sí! El diario es todo computarizado. En cierto sentido es más moderno que los de Buenos Aires, que también tienen computadoras pero no tan nuevas. Compraron unas que son bárbaras. El problema es que muchos periodistas son de la vieja escuela y no quieren largar la máquina de escribir, así que para evitar conflictos, el Chiche, que es secretario de redacción, los deja usar las Olivetti y después las chicas lo pasan en la Mac; pero, dicho sea de paso, todavía tienen que hacer el curso de paginación, así que por ahora sacan las tiras por las impresoras láser, como si fueran una fotocomponedora, y después los de armado las pegan.

También están trabajando para rediseñar el diario. Don Enzo quiere que sea más moderno. ¿Cómo se dice? Más ágil, qué sé yo. A él lo preocupan los lectores, que son todos medio veteranos, como nosotros. Los chicos de ahora no leen, ¿viste? Metió a un pibe a hacer una diagramación nueva, pero no anduvo, es muy conflictivo el flaco ese. Se peleaba con los de la redacción porque se quería meter a decirles qué escribir y por ahí armaba líos con la publicidad. Por ejemplo, a los avisadores se les prometía una página y él los metía en otra.

El caso es que el diario es un lío, porque vos necesitás ventas para pagar periodistas y fotógrafos, pero necesitás periodistas y fotógrafos para tener ventas. Si te ponés a rediseñar el diario, gastás plata ahora. Puede ser que después la recuperes, pero eso es mañana... y quién sabe, ¿no? Por eso tiene razón don Enzo cuando dice: "La plata que sale se fue; la que entra, todavía hay que verla".

Necesitamos mejorar los artículos para vender, vender para sacar más plata, sacar más plata para tener más gente, más gente para mejorar los artículos. Si no hacés "periodismo de investigación", como le dicen ahora, los lectores prefieren mirar televisión, y si resulta que hacés investigaciones y destapás la olla, no te saludan más.

Al final, don Enzo tiene razón: no hay que darle bolilla a nadie y hacer las cosas como siempre. Porque, además, el diario sale todos los días y la verdad es que no hay tiempo para meterse en cosas nuevas. Mirá lo que les pasó con las rotativas. Las nuevas están mal instaladas. Se gastó una fortuna y no andan. Seguimos imprimiendo con las viejas. Igual no las podríamos usar porque las nuevas sirven para sacar más de 15.000 ejemplares. Sí, no sé cómo dice el ingeniero, pero resulta que hacer andar la máquina para pocos ejemplares es carísimo. Pero gastamos tanta plata y al final, me querés decir para qué, si seguimos con las viejas.

Pero la amargura más grande fue con el suplemento *Aurora*. Resulta que don Enzo estaba preocupado porque le parecía que los lectores son medio veteranos. Entonces decidió hacer un suplemento rural. Se le ocurrió un día en el campo y, viste cómo es él, se vino a los piques para el diario y dijo: "Vamos a hacer un suplemento rural y le vamos a poner de nombre *Aurora*". Sí, se le ocurrió ese nombre, no sé por qué. No digas nada del nombre porque ya medio que se había enojado con el chico ese de diseño que le preguntó si era por la vaca Aurora.

Me acuerdo de que don Enzo se puso como loco y dijo que él quería pedir consejo, que para eso estaban sus asesores, empleados y subordinados. Para que le dieran consejos y no para que hicieran chistes. A los gritos pidió que le confeccionaran un estudio de factibilidad completo con la información que iba a llevar, los costos, el estimado de ventas, la publicidad y no sé qué más. Porque, como dice él, en estas cosas hay que ser muy cauto porque "la plata que sale se fue y la que entra todavía hay que verla".

El asunto es que salió el suplemento y a los seis meses hubo que cortarlo. No te cuento la plata que se perdió, y ni hablar del papelón. ¿Entendés? Al final es verdad: para gastar están todos listos, pero cuando hay que producir, toda la responsabilidad recae en él.

Análisis del caso

Aprender de la realidad. Quienes operan en una realidad pueden creer que a través de la acción están en contacto con ella, que la realidad les salta a la cara y les "dice" cosas. Pero más bien parece ser que mucho de lo que ven nunca ha pasado por sus sentidos. No porque alucinen realidades de la nada, sino por la forma peculiar en que cada uno selecciona y liga los datos. Esta cuestión atañe a las teorías de la acción y las pautas culturales que guían el quehacer cotidiano. A ellas nos referiremos.

Lo que se ve y lo que no se ve. Lo que un lector del caso puede ver que ocurre en el diario no necesariamente coincide con lo que ve don Enzo. Tal vez porque hay muchas cosas que ocurren y afectan a un proyecto pero la gente que está involucrada en él no logra percibirlas o ni siquiera se pregunta, incluso teniendo los datos. En parte, porque están atentos a otras cosas, como si el proyecto mismo contuviera instrucciones acerca de a qué se le debe prestar atención y qué se debe dejar de lado.

¿Qué mira don Enzo y qué ve cuando mira? ¿Por qué no ve sino aspectos para nosotros muy recortados de lo que está sucediendo? Para él, el diario es un movimiento de caja, sobre todo de caja chica. Por eso todo el tiempo encuentra evidencias de que la plata que se fue ya no está, y la que entró todavía hay que verla. También sabe que la familia es más segura que la gente que viene de afuera con ideas nuevas, y que es común que él tenga razón y que las cosas salgan mal cuando no le hacen caso o le discuten.

Por supuesto que hay muchas otras cosas que don Enzo no está percibiendo, por ejemplo que independientemente de lo que pase con la caja, el diario está en una situación peligrosa porque gracias al bingo mucha gente que no leía el diario se dio cuenta de que el contenido del periódico no le interesaba, por eso aumentó la tirada durante el juego, pero no bien esa promoción terminó, quedaron menos lectores que antes; que lo que podrían ser líneas de innovación sobre periodismo de investigación o diseño se frustran porque resultan muy conflictivas para el manejo que él mismo tiene de las cosas. Así, aunque se puede tomar la decisión de incorporar nuevas tecnologías, eso no alcanza para que los vínculos entre los empleados y con don Enzo se modifiquen como para adaptarse a las posibilidades que esas nuevas tecnologías abren: todo el proceso de producción y con él los costos, siguen absolutamente intactos. Luego, la plata que se fue se fue y las posibles ganancias no llegan nunca, con lo cual la teoría de don Enzo se confirma una vez más: no vale la pena cambiar nada.

A esta visión que don Enzo tiene de las cosas, a esas explicaciones que da acerca de cómo funciona el diario y que lo llevan actuar de cierta manera, las llamaremos su "teoría de la acción".

La teoría detrás de la acción. Por lo general, solemos manejar la palabra "teoría" como lo opuesto a "acción", como cuando decimos "en teoría es cierto, pero en la práctica es diferente". En este libro, sin embargo, utilizaremos la expresión "teoría de la acción" para referirnos a las representaciones que guían y orientan la acción. Con esta perspectiva, detrás de cada acción humana hay una teoría, una idea sobre *cómo funcionan las cosas*, que le da sentido a esa acción. Lo que hace don Enzo, su forma de actuar, es una expresión de su teoría. No se trata de una teoría explicativa o predictiva, como las teorías científicas, sino de una teoría de la acción, como las que usamos todos, que lo lleva a actuar de cierta manera y a esperar como consecuencia ciertos resultados específicos.

En base a los errores de don Enzo, sería posible pensar que una teoría de la acción es algo malo, en tanto impide ver algunas cosas; esto es cierto, pero también es cierto que nos permite ver otras cosas y entender cómo se relacionan entre sí. Nuestro cerebro no tiene posibilidades de computar y relacionar todos los datos disponibles, por eso selecciona a través de mecanismos jerárquicamente superiores, a los que llamamos "teorías". Son sistemas de ideas y de distinciones que indican qué mirar y qué dejar de lado, así como la manera de relacionar los datos para convertirlos en información. Lo que suele ocurrir –y eso sí es un problema– es que no siempre somos conscientes de nuestra teoría, lo cual hace que sea difícil revisarla. Entonces la teoría se convierte en un marco dentro del cual se aprende de todo, menos a revisar la teoría desde la que aprendemos. Esa forma de funcionar en la realidad tiene una enorme ventaja económica: no es necesario volver a pensar el universo cada mañana; pero también tiene sus riesgos en cuanto inhibe la posibilidad de revisar nuestros supuestos, al llenarnos de explicaciones que son parte del problema y profecías que se cumplen a sí mismas.

La invisibilidad de la teoría. No siempre es fácil determinar cuál es la teoría que está detrás de nuestras propias acciones, por eso su cuestionamiento o revisión suele ser difícil. Probablemente, si uno le preguntara a don Enzo cuál es su teoría para manejar el diario, ofrecería un discurso sobre la importancia de oír a los colaboradores y trabajar con todo el mundo. Pero, en cambio, cuando se lo ve actuar, el observador se da cuenta de que su teoría es que el diario va bien cuando se hace lo que él quiere. Por ahora esta teoría, aun disociada, le ha dado resultado y refleja su mapa mental acerca de cómo funciona el diario.

La teoría que inferimos viéndolo hacer es lo que podríamos llamar la *teoría en uso*. La teoría que él cuenta cuando se le pregunta, que a veces coincide y a veces no con lo que hace, es la *teoría elegida*. Los individuos muchas veces enuncian teorías elegidas que no coinciden con lo que realmente hacen, no porque estén mintiendo, sino porque no resulta nada fácil ver lo que uno hace. La verdad es que don Enzo encuentra a su alrededor gente que siempre le da la razón y, en tanto acepta lo que le dicen, tiende a creer que él siempre está más acertado que los demás. Lo que no advierte es hasta qué punto él selecciona la gente que tiene alrededor con lo que hace, con lo que omite hacer y con su posición y su historia. Cuando don Enzo se muestra incapaz de revisar su teoría frente a las evidencias en sentido contrario, esta se convierte en una profecía autocumplida.

Aprender de la experiencia. Aquí aparece un problema más amplio: el del valor de nuestra experiencia para aprender y el papel que ocupan nuestras propias explicaciones de la realidad.

Es verdad que se aprende de la experiencia, pero la experiencia no es lo que nos sucede, sino lo que nosotros nos contamos a nosotros mismos de lo que nos sucede. No se trata de una lluvia de estímulos solamente, sino de la selección que cada uno de nosotros hace de esos estímulos y cómo construyen las relaciones entre ellos. En otras palabras, la experiencia no es nunca lo que nos sucede sino la explicación que nosotros le damos a lo que nos sucede. A su vez, no aprendemos de los hechos mismos sino de la historia que construimos para explicarnos lo sucedido.

Don Enzo, por ejemplo, explica los problemas del diario en base a la propensión de la gente a gastar y los aciertos, en base a su propio instinto periodístico; sin embargo, un lector del caso podría construir una explicación diferente. Esa explicación es un proceso mental basado en nuestras distinciones de la realidad, en lo que vemos y en lo que dejamos de ver, y de lo que acreditamos como válido en nuestra memoria del pasado.

En tanto don Enzo no puede cuestionar su teoría, no puede ver cosas nuevas en la realidad, y en tanto no ve cosas nuevas en la realidad, no encuentra razones para cuestionar su interpretación del pasado. Por eso todo parece ser una confirmación de lo que cree y la profecía se cumple de manera casi inexorable, y aun cuando eso no ocurra, su explicación hace que al menos así parezca.

La memoria fundacional. Don Enzo, su memoria y sus creencias socializan a los nuevos y seleccionan a quiénes llegarán a "viejos" dentro del diario, por lo tanto sus criterios se convierten en criterios de acción compartidos. Si alguien tiene criterios distintos, probablemente deba dejarlos fuera del diario o quedará él mismo afuera. Ese conjunto de información, creencias, sentido, usos y costumbres compartidos constituye la *cultura* de la organización. El *fundador*, cuyo rol parece ejercer don Enzo[3], tiene un papel importante en la constitución de esta cultura (Schein,1992).

La teoría de la organización no suele estar esbozada como una teoría, lo que haría más fácil su cuestionamiento, sino que es presentada como si fuera la realidad. Por eso, don Enzo dice: "El diario funciona de esta manera...", en vez de: "Yo creo que...", que equivaldría a "Mi teoría dice que". Si acaso pudiera decir esto, sin duda alguna podría percibir la cultura desde la cual está hablando, cosa que usualmente no hace él ni casi nadie, porque como las teorías, las culturas tienden a volverse invisibles, y con ello, difícilmente cuestionables.

Lo que en una organización se considere *bueno, malo, igual, distinto, correcto, incorrecto, sensato, delirante* o *de buen gusto* tiene mucho que ver con las historias construidas en ese lugar durante un lapso suficiente como para que algunas personas se hayan socializado con esas ideas y también con quienes tengan poder e influencia como para construir tales historias. En este caso, parece que don Enzo tiene más posibilidades que el resto.

La idiosincrasia de la cultura. Todas estas explicaciones que la gente de una organización va construyendo acerca de su historia, y la forma en que algunas de ellas se imponen sobre otras, constituyen su cultura.

Una cultura es entonces una forma de hacer las cosas y de vivir la vida; cada grupo humano que comparte relaciones más o menos intensas, una organización, un barrio, una ciudad, una familia, tiende a constituir conocimientos y creencias que, como los del diario, se verifican a sí mismos.

---

3. El diario fue fundado por el abuelo de don Enzo, por eso, no sería extraño que reprodujera la actitud de su abuelo.

Como toda teoría, la cultura tiende a explicar el mundo y a volverse invisible ella misma. Las explicaciones aparecen como lo *obvio*, lo *natural*. Cada cultura determina lo que es bueno, lo que es malo, lo que es aceptable y lo que no.

Desde cierto punto de vista, cada organización es también una cultura. En algunas empresas los empleados no les discuten a sus jefes, aunque crean que las autoridades están equivocadas, mientras que en otras, cada decisión supone un debate. En algunas escuelas a los padres de los alumnos se los trata de usted, en otras se los tutea. En algunos lugares, ser un buen empleado no tiene nada que ver con ser aceptado por el grupo; en otros, es imposible hacer carrera si uno no es amigo de todo el mundo.

La cultura y la efectividad de la organización. Hasta aquí vemos algo que es interesante y peculiar de cada lugar, pero ¿puede eso afectar de alguna manera la efectividad de la organización? La respuesta es sí. Las culturas organizativas atraen a cierto tipo de personas y alejan a otro, enseñan algunas cosas y ayudan a olvidar otras, permiten algunos comportamientos, alientan otros y castigan a los que no se ajustan a sus pautas. Hay culturas donde el cambio es una trasgresión, donde la innovación es vista con desconfianza, donde tener ideas es peligroso, donde ocultar los errores es recomendable, donde los empleados son sospechosos y los clientes enemigos. ¿Cómo será el desempeño de una organización así en relación con otra que alienta el cambio y la innovación, donde se generan nuevas opciones, donde los errores se analizan para no repetirlos, donde se intenta que la gente se brinde en todas sus posibilidades y se cuida al cliente?

Las culturas organizativas y su adecuación a la realidad son temas que preocupan a los directivos de cualquier organización que compita por recursos escasos, ya sea una escuela, un museo, una empresa o una institución sin fines de lucro. Cuando es necesario que la organización se adapte a una realidad cambiante, hay que distinguir qué aspectos hace falta cultivar y cuáles cambiar en ellas, y eso exige ver la cultura como una posibilidad entre otras y no como algo natural o inevitable.

Sin embargo, ver nuestra propia cultura no es tan simple como parece. El problema es que estamos insertos en ella, somos ella. Para un ser humano es difícil ver su propia cultura organizativa por el mismo motivo que para un pez puede ser imposible percibir el agua.

En tanto llamamos "cultura" a usos y costumbres que ganan estabilidad en el tiempo y se reproducen a sí mismos a través de la incorporación de nuevos miembros, una organización puede conservar sus rasgos centrales durante largo tiempo. Es común que la desaparición de algunas organizaciones esté relacionada con la imposibilidad de adaptar su cultura a nuevas circunstancias externas.

Tipología de las culturas. Esta estabilidad permite caracterizar diferentes tipos de culturas en organizaciones a través de tipologías. Una de ellas, la que analizaremos aquí y que expone Charles Handy (1991), clasifica a las culturas organizativas según estén basadas en el poder, en las normas, en la tarea o en la gente. Por supuesto que como todas las tipologías, se trata de una selección de rasgos predominantes. No hay organizaciones que pertenezcan puramente a uno solo de los grupos, sino que por lo general se trata de una mezcla con marcadas variaciones según el nivel organizativo, el área de la empresa y la localización geográfica. Sin embargo, lo notable no suelen ser tanto las variaciones como la sorprendente estabilidad que la cultura predominante suele mostrar.

La cultura del poder. Las culturas basadas en el poder, como la de nuestro caso, podrían representarse gráficamente como una tela de araña: una red que converge en el centro donde está el poder indiscutido, que en *La Voz de Nortesur* es don Enzo. Aunque su organigrama sea igual al de cualquier otra, allí lo importante no es el organigrama sino el poder. La importancia de una persona depende de su distancia de la araña del centro. Toda autoridad y toda legitimidad se concentran en una persona, son organizaciones que han sido descritas como adoradoras de Zeus, el máximo dios griego. Eso importa mucho más que cualquier aspecto formal.

Este tipo de cultura es muy común en las empresas pequeñas o familiares, en escuelas, servicios hospitalarios o museos con una dirección fuerte, en grupos de capital de riesgo, o en los períodos de arranque de un negocio.

La cultura del poder es excelente para obtener velocidad de acción, lo que no garantiza calidad. Eso depende mucho de quién sea Zeus y la gente que lo rodee. La cultura funciona a través de la empatía. No se trata de hacer sólo lo que hay que hacer, sino de adivinar lo que Zeus quiere; como todos están en este juego, los que saben adivinar andan bien, los que no, tienen que irse. En estas organizaciones es muy importante ser parecido a los demás.

Estas culturas suelen guardar poca documentación escrita. La empatía no necesita memos, ni reuniones, ni capacitación. Es una de las formas de organización más baratas, donde todo depende de la afinidad y la confianza. A estas organizaciones se entra por amistad o por conocimiento y se permanece por confianza; cuando algo de eso se rompe, la persona debe irse.

La integración y el alto grado de empatía que caracterizan a estas culturas facilitan algunos aprendizajes; sin embargo la falta de diversidad y los límites personales de Zeus imponen barreras muy difíciles de franquear.

La cultura de roles. Es una cultura que no gira alrededor de personalidades y que está basada en la definición de los roles de cada uno.

Estas organizaciones parecen seguir a Apolo, el dios del orden y las reglas. Suponen que las personas son racionales y que todo puede ser analizado lógicamente. Las tareas se dividen en el organigrama, las responsabilidades se estipulan en la descripción de cada puesto y todas las piezas se mantienen unidas por otras normas tales como políticas, estrategias, presupuestos y evaluaciones de desempeño.

El estilo Apolo es excelente cuando es previsible que el día de mañana sea muy parecido al de ayer. El día de ayer puede ser analizado cuidadosamente, desarmado en cada una de sus partes y luego recompuesto en forma de reglas, normas y políticas mejoradas para enfrentar el mañana. La estabilidad y la predictibilidad son supuestas y alentadas.

El rol y las tareas son fijos, los individuos deben adaptarse a ellos. En una cultura de roles, cada uno hace su trabajo tal como ha sido descrito y la eficiencia consiste en cumplir con los estándares.

Las organizaciones Apolo son tranquilizadoras para quienes desean saber exactamente qué se espera de ellos. Aquí no hace falta andar adivinando lo que el jefe quiere, como en las de Zeus.

Las culturas de roles son excelentes cuando el mundo es predecible. Estas culturas odian el cambio. Cuando este se produce, al principio lo ignoran, luego tienden a hacer más de lo que ya venían haciendo. Si suben los costos, suben los precios. Si caen las ventas, incorporan más vendedores. Si la producción se atrasa, ponen horas extra. La cultura de Apolo aprende haciendo más de lo mismo y sus pilares no se mueven con facilidad.

La cultura de la tarea. Esta cultura parece estar inspirada en Atenea, la diosa de los guerreros, la patrona de Odiseo. El management tiene que ver con ella en la resolución sucesiva y continua de tareas. Se juzga el desempeño en términos de resultados, por la cantidad de problemas resueltos.

El poder no está en la cumbre, como en las empresas de Apolo, ni en el centro, como en las de Zeus, sino en las relaciones entre jefes, pares y subordinados (que son muy flexibles), en función de la tarea que hay que realizar en cada caso.

La organización es una red no muy ajustada de grupos de tareas; cada unidad es una miniempresa, casi autocontenida, con una responsabilidad precisa. La cultura reconoce sólo la habilidad, la capacidad y la experiencia como bases del poder. La edad no es importante, ni la antigüedad, ni siquiera la cercanía a las cumbres del poder. Suelen ser empresas de gente joven, con energía, creatividad y talento.

Constituyen una buena cultura para aquellos que conozcan bien su trabajo. Así como para las organizaciones adoradoras de Apolo el cambio es difícil, no lo es para las organizaciones de Atenea. Su debilidad es más bien la inversa: frente a las tareas repetitivas son incapaces de construir economía de escala. Si la misma situación se da muchas veces, Atenea dará una solución diferente, con equipos distintos, en cada ocasión.

La cultura de las personas. Se dice que Dionisio, el dios del vino y las canciones, preside estas organizaciones. Cada uno es responsable de su vida y es un fin en sí mismo, no un instrumento de nada ni de nadie. Esto no significa necesariamente egoísmo, porque nadie puede exigir a los demás lo que no acepta que le exijan a sí mismo. En las otras culturas, el individuo está subordinado a la organización; en esta cultura, la organización existe para que los individuos puedan lograr sus propósitos.

¿Es esto posible? Pensemos en cuatro médicos que hacen una sociedad para compartir espacio, oficinas, secretarias y equipos, o en un grupo de abogados, o consultores, o en una cooperativa de teatro. Hay una cultura común, que existe para sus miembros. La cultura es un grupo de estrellas individuales y no se altera mucho si una o dos se van ya que no son interdependientes.

La cultura de las personas es frecuente o incluso indispensable cuando el talento, la habilidad o el conocimiento son los principales activos de la organización.

Los dionisíacos no reconocen jefes, aunque pueden coordinarse muy bien si les conviene. El management en estas organizaciones es algo auxiliar, un mal necesario. En ellas no hay mucha posibilidad de sanciones, la selección y las promociones son más algo para decidir entre pares que la tarea de un jefe.

Tal como es de esperar, no hay muchas organizaciones como estas, sin embargo son cada día más comunes en tanto el conocimiento se va convirtiendo en un factor determinante de la producción. Aun en empresas con otras culturas, es posible encontrar algunas áreas muy profesionalizadas: *planeamiento, investigación y desarrollo* o *sistemas*, que poseen aspectos dionisíacos muy fuertes.

Las organizaciones adoradoras de Dionisio suelen ser extraordinariamente creativas, ya que solamente por placer la gente es capaz de generar cosas que a nadie se le hubiera ocurrido siquiera pedirle. Se muestran débiles, sin embargo, cuando la previsibilidad es un requisito; estas organizaciones pueden producir maravillas, pero es muy difícil saber cuáles o cuándo.

Ideas centrales

En el análisis anterior vimos que no se aprende tanto de la realidad misma como de nuestras teorías de la acción. Revisaremos ahora algunas teorías que sustentan esto, es decir, *teorías de la teoría.*

Percepción y memoria. En esta línea, la percepción misma es descrita como un fenómeno selectivo. Lo que percibimos tiene relación directa con nuestras expectativas. Se trata de un área donde hay especial riqueza de material empírico; seguiremos en este punto la descripción de diferentes experiencias que narra Scott Plous (1993). Así, numerosos experimentos muestran que sujetos que creen haber bebido alcohol (aunque en realidad no lo hayan hecho) se comportan en forma más audaz que la usual. Gente que conoce el resultado de una acción afirma haber podido predecir los resultados todo el tiempo aunque haya grabaciones y testimonios escritos que prueben que había dicho lo contrario. Diferentes observadores de un espectáculo deportivo pueden percibir cosas tan diferentes que es posible preguntarse si han visto el mismo partido. De igual modo, la memoria no es una mera acumulación de datos, sino que muestra un cierto carácter *reconstructivo*, por cuanto tiende a modificar la información en busca de coherencia cuando los datos no encajan entre sí o simplemente resultan incómodos para quien los recuerda.

Teorías de la acción. David Perkins (2003) diferencia las teorías explicativas de las teorías de la acción. Las teorías explicativas son aquellas que aclaran cosas. Suelen ocupar a los académicos y permiten entender por qué los barcos flotan y las piedras se hunden en el agua, el significado de un cuento de Borges o las causas de las crisis del año 1930. Las teorías explicativas se mueven con un alto nivel de abstracción a fin de poder aclarar el porqué de hechos aparentemente muy diferentes entre sí.

Las teorías de la acción nos dicen directamente cómo hacer las cosas. Ambas son muy útiles, pero en tiempos y formas diferentes. Muchas veces, hay buenas ideas que carecen de una teoría de la acción; esto es información que los actores puedan usar para hacer algo con esa idea. Por tanto, es común que se produzca una brecha entre lo que las personas saben y lo que hacen (Pfeffer y Sutton, 2000).

Para Argyris y Schön (1978), hay dos tipos de teorías de la acción. Una es la que los individuos eligen y que resulta compatible con sus creencias, actitudes y valores. La otra es la teoría en uso, la que realmente aplican. Suele haber notables contradicciones entre ambas y, lo más sorprendente, es que los individuos solemos desarrollar complejos diseños de conducta y explicaciones con el fin de no darnos cuenta de la contradicción. Esto ocurre frente a situaciones incómodas o amenazantes cuando el aprendizaje es más importante.

Otra sorpresa es que aunque la teoría elegida varía culturalmente en diferentes países, sectores sociales y grupos de edad, la teoría en uso es la misma. Así, dice Argyris, la conducta de los individuos cambia ampliamente, pero la teoría que utilizan para diseñar e implementar la conducta no. Por ejemplo, la conducta de salvar la cara cambia notablemente. Pero la regla que se sigue es la misma: cuando se sienta avergonzado o amenazado, disimúlelo y oculte el disimulo (Argyris, 1999).

Chris Argyris denomina Teoría I a la teoría en uso que es común a todas las culturas y a todos los grupos. Se caracteriza por estar condicionada por cuatro valores:

- logre su propósito,
- maximice las ganancias y minimice las pérdidas,
- suprima los sentimientos negativos,
- compórtese como para parecer racional.

El modelo I nos lleva a construir nuestras posiciones, evaluaciones y atribuciones hacia los demás de forma tal de no cuestionarnos ni intentar entender nuestras conclusiones desde la lógica de los otros. La consecuencia es un tipo de pensamiento defensivo, erróneo, que tiende a cumplirse y validarse a sí mismo.

De acuerdo con lo expuesto, daría la impresión de que todos nos movemos en base a un *programa maestro* que, si bien nos protege de situaciones embarazosas –según nuestros propios valores–, en muchos casos también nos impide acceder a los verdaderos problemas que enfrentamos.

Gran parte de nuestra supuesta experiencia está formada por ideas propias que nunca hemos verificado. Tarde o temprano, esos supuestos terminan limitando nuestra posibilidad de relacionarnos con los demás y con nosotros mismos.

De esta manera, es muy fácil llegar a convencernos de que, como dice Roberts, (1995):

- nuestras creencias son verdad,
- la verdad es obvia,
- nuestras creencias están basadas en datos reales, y
- los datos que seleccionamos son reales.

Argyris describe un camino mental por el cual seleccionamos hechos y les atribuimos sentido sin darnos cuenta de que lo hacemos, al que llama la *escalera de la inferencia,* un proceso muy común de creciente abstracción que, a menudo, conduce a falsas conclusiones. En base a datos que seleccionamos porque tienen sentido para nosotros, atribuimos significado a la conducta de los demás y, sin verificar esa atribución que generalmente ni siquiera percibimos, actuamos en consecuencia.

Gráfico 1.
Adaptado de *Qué se puede esperar del trabajo con modelos mentales*
(Roberts, 1995).

Este proceso de inferencia es tan rápido y espontáneo que la mayor parte de las veces confundimos nuestras conclusiones con nuestras observaciones, sin percibir el salto que hay entre unas y otras.

¿Qué se puede hacer?

En lo que respecta a intervenir para mejorar las posibilidades de aprendizaje en una organización como el diario de nuestro ejemplo, es necesario anticipar que puede resultar una experiencia algo frustrante. En algún sentido, este caso no nos muestra tanto las posibilidades de una intervención, como sus límites. Pareciera, y con razón, que no es mucho lo que puede hacerse en el diario que no pase por don Enzo. Un cambio organizativo requeriría una alternativa –la generación más joven, por ejemplo–, que por ahora no se ve. Analizaremos en primer lugar las restricciones que plantea este caso para entender qué debe tenerse en cuenta en otras situaciones y luego, aunque quizá sea muy difícil tratar con el Enzo real, algunas sugerencias para hacerlo con el don Enzo que hay en cada uno de nosotros.

En lo que respecta a una intervención para mejorar el aprendizaje en este diario, es necesario decir que toda estrategia de intervención requiere un polo de poder, una red que concite adhesiones dentro o fuera de la organización. Es indispensable que haya distintos polos para que puedan construirse nuevas visiones de las cosas. Lo que ocurre en este caso es que nadie tiene tanto poder como don Enzo. Tampoco nadie tiene intención de cuestionarlo, y el que la haya tenido ya no está en el diario. Es muy probable que no haya ninguna fuerza capaz de construir un cambio, por lo menos hasta que don Enzo se canse y se vaya o que el diario entre en una seria crisis financiera que lo obligue a abdicar o vender.

Cuando no hay una red capaz de sostener lo que se enseña, tampoco la capacitación resulta muy efectiva. Es probable que la gente que ya está en el diario sepa muchas cosas que no pone en acción, de la misma manera que sabía que el suplemento *Aurora* no iba a funcionar y lo calló.

En diferente medida, esta brecha entre el hacer y el saber se produce en todas las organizaciones. Por eso, antes de pensar en un programa de cambio o de capacitación, es importante estar seguros de que alguien dentro de la organización podrá sostener el conflicto que todo cambio de un statu quo crea. Ese alguien, aunque aparezca personificado, por lo general es un colectivo, una red de confianza capaz de dar credibilidad al proyecto.

¿Hay que capacitar a don Enzo? Sería bueno si fuera posible, el problema es que probablemente cualquier capacitación termine por hacer a don Enzo más igual a sí mismo. Como para don Enzo no es significativa la gente que no lee el diario, y como los que son significativos no le proponen cambios, él sigue confirmándose que es perfecto. En última instancia, ante un planteo, terminará oyendo pero no escuchando.

Es muy posible que cualquier cambio que se genere en esta organización se produzca a partir de un ajuste ecológico. O sea, que el diario vaya perdiendo lectores hasta quedarse sin recursos, lo que comprueba la invalidez de las teorías que están manejando sólo a través de la respuesta externa.

Todas estas restricciones derivan en que las posibilidades de intervención también tiendan a ser limitadas. Y don Enzo sólo aceptará la participación externa a partir de algún problema muy puntual y muy técnico, y probablemente no más que eso.

Sin embargo, aunque en este caso no sea posible hacer mucho, hay cosas que podemos aprender de él frente a potenciales intervenciones en otros casos.

1. Es necesario entender cuál es el polo de poder en que el cambio podría sostenerse.
2. Para cambiar una cultura es importante poder verla; una intervención orientada al cambio cultural debería ayudar a que los actores pudieran caracterizarla, reconocer sus rasgos y entender qué es lo que quieren cambiar.
3. La gente suele tener habilidades individuales que no usa; es necesario generar colectivos capaces de ponerlas en acción (Gore, 2003).

Más allá de lo que ocurra con don Enzo, es verdad que su aproximación al aprendizaje es, en gran medida, la de cada uno de nosotros. Su teoría de la acción, como hemos visto, es más común de lo que solemos creer. Todos tendemos a actuar a partir de nuestra experiencia formada por ideas propias, nunca verificadas y que nos llevan a convencernos de que nuestras creencias son verdad, que la verdad es obvia; es decir que nuestras creencias están basadas en datos reales y que también son reales los datos que nosotros seleccionamos.

Si realmente quisiéramos conocer otras perspectivas, diferentes de la nuestra, no deberíamos hacer otra cosa que preguntar. Claro que esto no es fácil si todos nos movemos a partir de un *programa maestro* que prefiere ignorar la verdad antes que pasar por un momento incómodo o si sentimos a las otras posibilidades como amenazas.

No se puede vivir sin agregar significado o extraer conclusiones; nuestra forma de pensar –y aun el diseño mismo de nuestro cerebro– nos llevan a trabajar sobre la base de indicios muy poco notorios; esa es, al mismo tiempo, una fortaleza y una debilidad.

Pero es posible mejorar las comunicaciones a través de la reflexión y usando la escalera de la inferencia en tres formas:

1. para volverse más consciente del pensamiento y razonamiento propios (reflexionando);
2. para hacer el pensamiento y razonamiento de cada uno más visibles a los otros (argumentando);
3. para investigar el pensamiento y razonamiento de los otros (preguntando).

Se puede interrumpir una conversación para hacer algunas preguntas:

- ¿Cuáles son los datos observables detrás de estas afirmaciones?
- ¿Podría explicar por qué piensa eso?
- ¿Cómo ha obtenido los datos para llegar a esas conclusiones?
- Cuando dice..., ¿está queriendo decir que... (la propia interpretación)?

Es posible también pedir información de manera abierta. Por ejemplo: "¿Qué opina de esto?". O corroborar supuestos: "¿Le parece que ellos aceptarán esta idea?". O, simplemente, probar los datos observables: "Ha estado... ¿por qué?".

El objeto de estos pedidos no es el de diagnosticar al otro, sino hacer visibles nuestros procesos de pensamiento para conocer las diferencias y los rasgos comunes en nuestras percepciones.

Este tipo de conversación no es fácil. Cuando los hechos nos parecen autoevidentes o solemos tener razón demasiado seguido, hay que ser cuidadoso. Ningún hecho, no importa lo obvio que parezca, puede ser corroborado a menos que haya sido verificado independientemente por más de una persona (Roberts, 1995).

En la práctica, la escalera es una herramienta muy útil en tanto ayuda a mostrar los lazos de razonamiento que uno ha usado para llegar a una conclusión; esto permite que los demás, estén o no de acuerdo, sepan cómo hizo uno para llegar hasta allí. En muchos casos, explicitar nuestro propio hilo de razonamiento, nos ayuda a encontrar ambigüedades o contradicciones en nuestro discurrir.

Bibliografía

Argyris, C. y Schön, D.: *Organizational Learning: A Theory of Action Perspective.* Addison-Wesley, Reading, MA, 1978.

Argyris, C.: *Conocimiento para la acción.* Granica, Buenos Aires, 1999.

Gore, E.: *Conocimiento colectivo, la formación en el trabajo y la generación de capacidades colectivas.* Granica, Buenos Aires, 2003.

Handy, C.: *Goods of Management. The Changing Worlds of Organizations.* Century Business, London, 1991.

Perkins, D.: *Arthur's Round Table, how collaborative conversations create smart organizations.* Wiley, Boston, 2003.

Pfeffer, J. y Sutton, R.: *The Knowing Doing Gap.* Harvard Business School Press, Boston, 2000. Versión en castellano: *La brecha entre el saber y el hacer.* Granica, Buenos Aires, 2005.

Plous, S.: *The Psychology of Judgment and Decision Making.* McGraw-Hill, New York, 1993.

Roberts, C.: "Qué esperar del trabajo con modelos mentales". En Senge, Peter et al.: *La Quinta Disciplina en la práctica.* Granica, Buenos Aires, 1995.

Schein, E.: *Organizational Culture and Leadership,* Jossey Bass, San Francisco, 1992. Versión en castellano: *La cultura empresarial y el liderazgo.* Plaza y Janés, Barcelona, 1994.

CAPÍTULO 3

GRANDES SUPERMERCADOS NOTÁN: APRENDER EN CONTEXTO

A continuación veremos el caso "Supermercados Notán". El tema aquí es cómo las personas aprenden en su trabajo aunque no existan procesos sistemáticos o deliberados de capacitación y cómo los pequeños ambientes donde los empleados hacen una tarea conjunta devienen en fuentes de significado, sentido, identidad y conocimiento. Se hace evidente que la calidad de las relaciones influye sobre el conocimiento cuando, frente a situaciones de incomodidad o amenaza, el razonamiento defensivo reemplaza al razonamiento productivo.

Nos muestra algunos conceptos en la práctica, tales como la motivación, el doble vínculo, las interacciones progresivas y regresivas y, finalmente, el aprendizaje mismo: cómo se inhibe el aprendizaje de circuito doble (que permite modificar la situación) y cómo este es reemplazado por estrategias de engaño y rutinas defensivas. Por último, nos permite reflexionar sobre los diferentes requerimientos formativos que un contexto puede plantear.

El caso

Varios dramas en un acto

Matilde llevaba dos semanas y no creía que pudiera aguantar mucho más.

El lugar. Eso no era un lugar para trabajar. Apretada en la silla chiquita contra la caja. Y el cambio nunca le alcanzaba. Cuando necesitaba más, tenía que apretar el botón para que viniera la supervisora, que como estaba atendiendo a otras tres mil cajas tardaba una hora. ¡Había que ver la cara que ponían las mujeres mientras tanto! Los hombres no, se aguantaban mejor, pero a muchos la espera les prendía la lamparita y empezaban con los lances.

A veces no aguantaba más. ¿Se iba a pasar toda la vida ahí? ¿Haciendo lo mismo? ¿Se iba a volver viejita contra esa caja, pidiendo cambio? ¿Eso era vida?

Pero lo peor era la gente. En manadas. Venía en manadas.

Le traían los productos sin precio, ella les explicaba que había que traer uno con código, pero igual se enojaban. ¿Y qué culpa tenía ella si el precio se les salía? Eso era cosa de los de Rotulación, que estaban con Lemos. Ella era Cajas.

Al principio tenía la mejor voluntad, les decía que la disculparan y que esperaran, que ella le iba a preguntar a Sonia cómo se hacía y lo iba a averiguar, pero igual se enojaban.

Ahora, directamente les dice cualquier verdura. Total, se enojan lo mismo, trabaje o no. Pero ayer le decía a Raúl, que no es su novio pero la comprende: "¿cuánto voy a aguantar?". Sí, te digo que Raúl no es el novio, ¿vos no creés en la amistad pura entre el varón y la mujer?

A la Raimondi, mejor no le pregunta nada. Es la jefa, viste, pero no la ayuda. Quiere todo rapidito, le dice "usted cualquier cosa me consulta", pero ¿quién la encuentra? Para darle el número de código de un cuadernito que tiene, tarda media hora. Muchas veces, mientras tanto, el cliente se fue a buscar otro producto a la góndola y ya volvió. La gente protesta por esas cosas, los que tienen que volver y los que están en la fila. Ella le dijo muchas veces a la Raimondi que le diera un cuadernito a ella. No quiere porque lo necesita para las otras cajas... O que le dé una copia, pero no, todos los días lo mismo.

Como con las *delicatessen*, o como se llamen: abren un stand de pepinos, quesos, antipasto, todo eso y le meten un timbre. La gente se queda con el dedo hecho un sacacorchos de tanto tocar timbre y no va nadie a atender.

La vez pasada una vieja se metió en la carnicería y armó un escándalo. Estaba furiosa porque tenía número en *delicatessen* y no la atendía nadie. Los muchachos la miraban y no entendían nada. ¿Ellos qué tenían que ver?

Para peor, con los de Carnicería hay bronca, porque hicieron un mostrador de atención al público y lo metieron a atender al José, el flaquito ese... bueno, ¿viste que es nuevo?, y a don Marcial, que hace mucho que está, lo relegaron. Le pagan más al chiquito, que parece que es primo de alguien. Sí, es mucho trabajo porque hay que atender público y todo eso, pero don Marcial no quiere saber nada.

Y un poco de razón tiene, viste. ¿Si yo me quedo aquí, después viene otro y me pasa por arriba?

Un día la Raimondi parece que le dijo al gerente, ese flaco con anteojos que está arriba en la oficina, bueno... la cosa es que le dijo y él le contestó que este era un lugar para tener un puesto de trabajo y no para hacer una carrera. Tiene razón, pero si quieren calidad, como dicen ellos, van a necesitar gente que sepa trabajar.

Lo mismo les pasa a los de Reposición. Todos vienen y les preguntan de todo, y los pibes no tienen ni idea, porque cambian a cada rato.

Ayer cayó una vieja que vos no sabés. Furiosa, estaba. Parece que quiso que le mandaran a domicilio y le dijeron que no, que no había chicos.

Pero ella vio que a otra, antes que ella, le mandaban. Lo que pasa es que ese pibe era el último. Entonces le dijeron que no. Encima parece que otra chica le contestó medio mal y bueno, estaba que echaba chispas. La agarró a Matilde y le dijo de todo. Ni hablar la dejaba. La insultó de arriba abajo. Matilde se quedó fría, dura como un grisín. No le contestó nada. Mientras la vieja gritaba, Matilde sonreía como una boba, no de risa, de nervios nomás. Pero la vieja creía que se burlaba y más se enojaba. No sabés lo que era eso. La Raimondi se hacía la que no oía.

Cuando la vieja se fue, Matilde se puso a llorar. Estaba mal, la pobre. Lloraba como loca, no se le iba. La gente la miraba y no decía nada. Fuimos todos con ella, porque es buena chica, viste. Hace poco que trabaja acá pero se ve que es buena chica.

Yo le dije: "Pero oíme, tonta, no te preocupes. ¿Qué le vas a hacer? Si te vas a hacer problema por lo que dice la gente…".

Clarita también: "¿Vos no sabés cómo es la gente? Le das el dedo y te llevan la mano. No saben lo que quieren".

Carlos, loco como es, le empezó a contar lo que le había pasado una vez con un tipo que quería que la esposa no se enterara de que él había comprado no sé qué para una novia que tenía. La hizo reír al final, pero estaba mal la flaca. Carlos le dijo: "La gente es loca, Matilde, no sabe lo que quiere; si le vas a hacer caso te volvés loca vos también".

Rosita, que es siempre tan estirada, tuvo lástima y fue y la abrazó. Yo no lo podía creer. Le dijo bien, le habló: "Vos sos nueva", le dijo, "no sabés lo que esto. No sabés cómo es la gente. Si les duele el hígado se la agarran con vos, se pelean con la esposa y te insultan. Yo, mirá, ni les hablo ni los miro. Deme, tome, chau. Si no está lo que quieren, les digo cualquier cosa y me voy al baño, así que por mí, pueden insultar a la pared. La gente viene aquí y se desquita de todo lo que le pasa. ¡Hay cada uno! Vos no sabés porque sos nueva".

Le contamos lo del loco de los almanaques, que nos había contado don Aníbal, un señor que ya no está más. Se jubiló hace rato, poco después que yo entrara, y se fue a vivir a Córdoba. Porque él era de allá, viste.

Al final se fue tranquilizando, la pobre. Se fue metiendo en la charla y se mataba de la risa. La gente nos miraba con bronca, porque no atendíamos a nadie, pero ninguno abrió la boca, porque se dieron cuenta de que el horno no estaba para bollos. La Raimondi desapareció, ni vino a decir nada.

El trabajo es así. Al principio uno quiere hacer todo bien. Después va aprendiendo. Yo cualquier cosa los mando a Reclamos. Que les digan a ellos. Eso sí, siempre hay que hacer un formulario 204 así estás cubierta, por cualquier cosa, ¿viste?

¿Qué, no me crees que Matilde sea amiga nomás de Raúl? Pero te digo que sí, haceme caso, si ella me contó bien cómo es todo...

Análisis del caso

Este caso no es la narración de Matilde, no está escrito en primera persona. Parece más bien el relato de alguien cercano que conoce bien la situación. Su mirada es próxima a la de Matilde y su grupo, sin embargo parece tener algo más de perspectiva que ella. La lectura de la historia permite hacer algunas observaciones interesantes.

Conductas interconectadas. La forma en que cada uno es y cómo se relacionan unos con otros está siempre bajo la mirada de los demás en un grupo de trabajo. Cada uno actuará de acuerdo con cómo lo hagan los demás. La entrada al grupo se va dando a través de vínculos, al principio individuales, con otra gente más insertada en la red. Matilde le cuenta sus cuitas a Raúl, quien a su vez las habla con los demás, quienes a su vez opinan sobre esas cuitas y sobre la relación entre Matilde y Raúl. Esos vínculos son parte de la construcción de conocimiento, sobre ese ambiente que tanto Matilde como los demás están edificando.

Matilde, por su parte, ya ha aprendido que "a la Raimondi, mejor, no le pregunta nada". En poco tiempo ha aprendido que no es mucho lo que puede esperar de su supervisora e, inteligentemente, subordina sus contribuciones a lo que cree que los otros harán con ella. La supervisora, por su parte, es probable que no quiera ceder su cuaderno con códigos porque es una información a la que ella tiene acceso como supervisora, pero Matilde no. Esos accesos a otras fuentes de información definen asimetrías y marcan estructuras de poder. Tal vez, así como Matilde se protege de una amenaza percibida culpabilizando a la gente de Rotulación, su supervisora lo hace reservando para sí la información que le permite ser indispensable para aquellos a quienes debe controlar.

El aislamiento. Las personas que trabajan en Cajas se protegen mutuamente. De alguna manera han logrado que esa situación insoportable les permita construir un espacio de amistad, entendimiento y soporte mutuo. Ellos se sienten aislados del resto de la organización; la supervisora, que podría conectarlos para mejorar los procesos de trabajo, en realidad bloquea todo intercambio. A partir de allí, todo lo que atinan a hacer es a defenderse. Esta es hasta cierto punto una conducta racional, inteligente, de preservación. Sin embargo, la preservación se hace a costa de la posibilidad de modificar la situación. El grupo se protege a sí mismo de tal manera que a la vez se perjudica. Hacer algo distinto implicaría tener interacciones diferentes a las que tiene con su supervisora y con los otros grupos de trabajo.

Pensamiento defensivo. Frente a situaciones de incomodidad o amenaza percibida, el razonamiento defensivo reemplaza al productivo. Matilde parece saber perfectamente que una simple lista de precios le permitiría manejar esas situaciones en las que los clientes traen los productos sin marcar. Pero frente a la negativa de la supervisora, recuerda que finalmente no es una responsabilidad de ella sino de quienes trabajan en Rotulación, "que estaban con Lemos. Ella era Cajas". Para protegerse, ha dividido el mundo en dos: *nosotros y los otros, Cajas y Rotulación.*

Matilde hace menos de lo que podría hacer y eso tiene que ver claramente con la estructura y el manejo de la organización. Menos evidente resulta que la lectura de la situación que ella hace y que, como veremos, puede que no sea muy diferente de la del resto de los actores, incluido el management de la organización, la protege de mala manera porque la defiende al costo de perpetuar ese contexto de interacciones inconexas. Es claro que no se la puede culpar, pero es importante notar cómo el pensamiento productivo "¿Qué podría hacer yo?", que ella es perfectamente capaz de desplegar y que podría aparecer en alguna otra circunstancia, no aparece en esta donde se da naturalmente el pensamiento defensivo.

A pesar de la baja inserción de Matilde, quien siente hasta físicamente el costo de esa entrada en un ambiente que la reduce, la idea de "nosotros" y de "ellos" ya está presente. El "nosotros" no integra a todas las personas que trabajan juntas en la organización; incluye sólo a Cajas. El hecho de que haya un "nosotros" en sí no es malo, siempre lo hay. El problema es qué inclusiones y exclusiones determina.

Los "ellos" son personas físicas, los de Rotulación, a quienes incluso puede llegar a culpar en tanto no llega a notar que se trata de errores por diseño, que se perpetúan porque el esquema de manejo de la información ha sido hecho sobre patrones similares a los que ella está utilizando. Eso no quita que sienta emocional y físicamente la presión del sistema, aunque no tenga elementos conceptuales para verbalizarlo.

La gente sabe más que lo que hace. Aunque a veces Matilde no parece percibir el sistema cuando este actúa sobre ella, sí parece hacerlo el narrador cuando lo ve operando sobre otros. De esta manera, observa con claridad y en forma crítica cómo es abierto un stand de pepinos, quesos y antipasto al que le ponen un timbre que nadie atiende. El aprendizaje de Matilde, o el del narrador del caso, no está formulado para "cualquier mundo posible" como el pensamiento estrictamente lógico o matemático que se busca trabajar en la educación formal; es un pensamiento construido para ese mundo al que ella se está integrando y que se arma como un bricolaje de los ejemplos que hay en él. Es un pensamiento muy ligado al contexto, donde su propia situación se convierte en metáfora para entender lo que ocurre en otras partes, y lo que ocurre en otras partes en metáfora para entender su situación.

Es posible ver aquí un atisbo de comprensión del sistema: no es el error de un par, sino un servicio mal diseñado para el que no se ha designado un responsable ni se ha entrenado gente. Tiene razón cuando agrega: "Si quieren calidad como dicen ellos, van a necesitar gente que sepa trabajar".

No sabemos si Matilde tiene la misma comprensión de la situación que el narrador del caso, pero si así fuera, probablemente no podría ayudar a modificar demasiado el problema. Cualquier comprensión, en esta circunstancia, le sirve a ella para justificarse y comenzar a entender que lo que le sucede no es un hecho aislado, sino percepciones que le permiten construir sentido a través del diálogo con los otros. Solamente que conversa acerca de ellas con quienes sabe que le darán la razón y, *previendo los resultados,* no lo hace con quienes podrían modificar el statu quo o desafiar su sistema de creencias.

Es una conversación que, siendo ella misma una forma de acción, no es la necesaria para hacer ningún cambio significativo, porque se da con otros interlocutores.

Sirve para darles sentido a las cosas que suceden y para percibir las incongruencias entre lo que se espera de los empleados, lo que se hace y lo que se dice. No es un tema del que hable con los que pueden modificar ese contexto en tanto *lee* en la situación que no hay espacio para ello. Los aprendizajes de Matilde le sirven para convivir con el problema pero no ayudan a que la situación cambie. Matilde ha aprendido algo que no puede convertir en un aprendizaje colectivo en tanto no hay lugar para las interacciones que permitirían hacerlo.

Una situación paralizante. El conflicto estalla cuando una clienta se enoja con Matilde porque creía que se burlaba de ella. Frente a otros interlocutores, que no conocen ni tienen por qué conocer la dinámica interna, Matilde aparece como el colectivo. El cliente cree que habla con la *organización* y Matilde siente que ella es la piel que recibe los golpes de un colectivo que hace cosas que ella misma no entiende. Si le da la razón a la mujer que le grita y se pone a protestar junto con ella, aparece como loca. Si acepta los insultos, que la acusan de lo que ella misma sufre, teme enloquecer. Ni siquiera puede plantear que estas situaciones no deben ocurrir y que es necesario hacer algo, porque ello implicaría hablar con gente con la que no puede hacerlo. Esta encerrona en la comunicación no es el producto de un diseño deliberado, sin embargo surge del tipo de vínculos que se mantienen y que se perpetúan en la organización. Si alguien hubiera diseñado algo para evitar aprendizajes no podría haberlo hecho mejor.

Contextos de aprendizaje. Las organizaciones inducen ciertos aprendizajes, y no siempre a través de mecanismos explícitos. "Cuando la vieja se fue, Matilde se puso a llorar… Se fue metiendo en la charla y se mataba de la risa… La gente nos miraba con bronca, porque no atendíamos a nadie, pero ninguno abrió la boca, porque se dieron cuenta de que el horno no estaba para bollos. La Raimondi desapareció, ni vino a decir nada."

El grupo se congrega alrededor del llanto, no la puede ayudar a superar la situación. Le da elementos que mantienen y perpetúan la forma de vinculación pero aliviando el sufrimiento. Mitos, como el del loco del almanaque, o constructos, como "la gente", la inducen a no intentar utilizar la misma lógica que usa para relacionarse con su grupo, con su familia o con otra gente con la que pueda desarrollar interacciones más progresivas. Ella está aprendiendo que los clientes no son personas de carne y hueso, sino expresiones de un colectivo mítico al que sus compañeros llaman "la gente". Así como los clientes transforman a cada uno de los empleados en la expresión de un colectivo que es la organización, cada cliente pasa a ser parte de "la gente" para los miembros de este grupo. "La gente" es una construcción del grupo, un ser imaginario que ellos han inventado y cuyos comportamientos, como en un collage, dan cuenta de los de muchas personas que no se conocen entre sí. En cualquier caso, ellos construyen sentido con todos esos hechos aislados, arman el monstruo con el que se vinculan y generan un repertorio de formas para relacionarse con él, que es cierto para ellos en tanto ellos lo verifican en su experiencia. Esa experiencia es el producto no diseñado de una matriz de relaciones que ha sido diseñada, pero que no se puede poner en discusión. Matilde está aprendiendo que pertenece a un grupo que la sostiene, con el que tiene un sentido de comunidad; donde hay mutualidad, apoyo recíproco frente a otros, y se comparten repertorios de creencias y conductas para enfrentar situaciones. "El trabajo es así. Al principio uno quiere hacer todo bien. Después va aprendiendo. ¿Qué, no me creés que Matilde es amiga nomás de Raúl? Pero te digo que sí, haceme caso, si ella me contó bien cómo es todo..."

Matilde ha aprendido mucho en el día de hoy. Que pertenece a un grupo, que ese grupo le da herramientas para sobrevivir en la situación sin necesidad de enfrentarla o cambiarla, y ha aprendido también qué significa aprender en ese contexto.

Ideas centrales

La motivación

Mientras muchas teorías parecen suponer que los empleados son pasivos y solamente los gerentes son racionales y activos, este caso estaría señalando que los empleados, a través de los vínculos, construyen activamente un contexto capaz de darles conocimiento de la situación, identidad y un sentido de las cosas que puede no coincidir con el de sus jefes. Lo que quieran y lo que no quieran hacer dependerá de su lectura, más o menos compartida, de ese entorno.

Para Victor Vroom (1964), la motivación de una persona está relacionada, por una parte, con la percepción que tenga el individuo de su propia posibilidad de realizar la tarea que se le pide o que se propone (si entiende cuál es el pedido, si cree que cuenta con los elementos necesarios o con las condiciones y capacidades para hacerlo). En este sentido, él o ella deberá percibir que puede llegar a hacer lo que se le pide que haga. Esta percepción de ser capaz de alcanzar un desempeño esperado es lo que Vroom llama "expectativa". Por otro lado, el individuo debe percibir que los resultados o los logros, materiales o no, de ese desempeño le resultan valiosos y significativos. Por último, debe percibir que la realización de la tarea o su desempeño es instrumental, pues le sirve para alcanzar los logros que espera obtener.

Desde este punto de vista, no se trata tanto de que los empleados no sepan qué es atender bien a un cliente; el problema es que tienen buenas razones para estar convencidos de que no hay forma de lograrlo. Esto significa que encuentran poca relación entre las expectativas y el desempeño posible. Por otro lado, aun en el hipotético caso de que lo lograran, no les ayudaría a hacer una carrera, ya que la empresa no ofrece tal cosa sino un puesto (suponiendo que el logro de un progreso en la empresa es significativo para ellos). Además, la promoción en la carnicería, para ellos arbitraria, de "un primo de alguien", les muestra que tampoco hay relación entre el desempeño y los logros.

En cambio sí saben que ayudándose mutuamente frente a las consecuencias de atender mal a los clientes, la situación se hace más soportable (buena relación entre *expectativas* y *desempeño*) y que de esta manera se puede lograr al menos un clima de compañerismo valioso (ídem entre *desempeño* y *logro*).

No debe maravillarnos, por lo tanto, que los empleados vuelquen su creatividad y su inteligencia en fortalecer el vínculo entre ellos antes que en atender bien a los clientes.

La inducción al aprendizaje en las organizaciones. En el caso, resulta claro que Matilde y sus amigos están aprendiendo. El hecho de que la organización no parezca tener programas de capacitación no significa que no induzca aprendizajes. Puede que los aprendizajes así inducidos no sean lo que sus directivos quisieran, pero de una manera u otra lo hacen.

Salomon y Perkins (1998) extienden el uso de la palabra *enseñanza* para describir uno de los contextos posibles de aprendizaje social, al que definen como una mediación social a través de andamiajes culturales. Aun cuando el aprendiz no reciba ayuda directa ajustada a sus necesidades de ningún otro agente, que sería la definición de *enseñanza* en su sentido más usual, puede ser ayudado a aprender a través de un ambiente que provee fuentes de información, oportunidades para actuar y retroalimentación. Esto significa, entre otras cosas, que la calidad y los contenidos de la capacitación deben tener mucha relación con las características de ese ambiente y los vínculos que en él se establecen tanto entre las personas entre sí como entre ellas y los objetos significativos que haya en ese ambiente[1].

Desde este punto de vista, los aprendizajes inducidos ambientalmente, como los de nuestro caso, pueden resultar más efectivos que los que se busca producir en el aula, tal vez porque la enseñanza de aula tiene, casi por sentado, una teoría elegida muy nítida, pero no siempre ocurre lo mismo con la teoría de la acción, que, en términos de Perkins (2003), suele resultar muy poco clara y contundente.

Aprender a hacer cosas con otros implica producir acciones efectivas, que requieren cambiar el statu quo en contextos específicos. Para que una idea o una propuesta de cambio se pueda llevar a la práctica debe, de algún modo, especificar qué tipo de acciones permitirán lograr lo que se desea, los valores y motivos que las guían y tener la concreción suficiente como para que puedan ayudar a dar forma a las conversaciones necesarias para llevarla a cabo y definir criterios para evaluar la efectividad de esas acciones.

---

1. Sin embargo, para mayor claridad, en este libro intentaremos reservar la palabra "enseñanza" para situaciones didácticamente planeadas y llamaremos "aprendizajes inducidos" a aquellos que producen los recursos técnicos y sociales del ambiente por sí mismos.

Muchas veces, hay ideas o propuestas generales que pueden ser válidas en una clase expositiva, pero no necesariamente llevan consigo guías para la acción. Tomemos un ejemplo. La afirmación "para resolver problemas en forma efectiva es necesario separar los efectos de sus causas, determinar las posibles opciones de acción y seleccionar la más viable" podría escucharse en un aula. No está mal. Sin embargo, para Argyris (1999) este sería un conocimiento aplicable, pero no un conocimiento para la acción. Para ser un conocimiento para la acción, para poder modificar la realidad, los actores deben ser capaces de ver sus propias teorías en uso de lo que es solucionar problemas –cosa que, como hemos visto en el capítulo 1, no es simple–, las estrategias a las que suelen recurrir y, finalmente, cómo esas teorías de la acción traducidas en prácticas y rutinas, ya sean formales o informales, generan resultados contradictorios con los que declaran buscar. Por último, deben comprender qué competencias requieren para solucionar problemas efectivamente y qué condiciones de contexto son necesarias para mantener esa forma de trabajo.

Esa distancia entre el enunciado y la acción es la que una persona normalmente debe recorrer en su puesto de trabajo para convertir un conocimiento aplicable en un conocimiento para la acción. Los empleados del caso parecen recorrer ese camino a través de su propia experiencia de participación procesada a través de conversaciones y con la ayuda de historias que se transmiten oralmente a lo largo del tiempo: ellos entienden perfectamente que ayudar a un cliente sólo les ocasiona problemas, qué ocurre cuando intentan buscar la información que les solicitan y que al hacerlo solamente logran los conflictos que buscan evitar. Así, se dan cuenta de que contestando "cualquier cosa" eluden situaciones incómodas y que la actitud evasiva de la supervisora es un buen contexto para mantener esa práctica.

La situación induce aprendizajes y los empleados aprenden, aunque no les sirva para mucho. Pareciera entonces que la cuestión no es solamente aprender o no aprender, sino de qué tipo de aprendizaje se trata.

Interacciones progresivas y regresivas. Según David Perkins (2003), cuando el rey Arturo creó su famosa mesa redonda actuó como un buen consultor organizacional. La forma de la mesa permitía que todos los participantes se escucharan entre sí, en contraste con la mesa alargada donde el rey podía escuchar solamente a sus más cercanos y solamente estos podían dialogar con él. Para Perkins, la calidad de las conversaciones que se pueden mantener o no en una organización hace mucho de la diferencia entre lo que es posible y lo que no lo es; en sus palabras: "Las organizaciones están hechas de conversaciones. Sí, y la calidad de las conversaciones hacen toda la diferencia" (p. 19).

Si lo consideramos más abstractamente, podemos hablar de interacciones en vez de conversaciones. Entonces podremos reconocer formas de interacción que permiten hacer la mesa más redonda, tomar decisiones acertadas, diagnosticar causas, ir al fondo de los problemas, así como interacciones que hacen la mesa más alargada, las conversaciones más trabadas y los procesos de decisión más eventuales y erráticos. Perkins califica a estas interacciones en *progresivas* y *regresivas*.

Las interacciones progresivas son inteligentes en lo que respecta a procesos y a gente. En cuanto a los procesos, permiten intercambios y procesamiento de información significativos, encontrar soluciones a problemas y hacer planes de seguimiento aun a largo plazo. En cuanto a la gente, facilitan la cohesión del grupo y ayudan a sus integrantes a sentirse bien con su tarea y a tener ganas de seguir trabajando juntos. Es fácil imaginar que las interacciones regresivas son aquellas que cierran los caminos a estos resultados.

Podemos preguntarnos, entonces, si las interacciones que mantiene la gente del supermercado son progresivas o regresivas.

Lo que parece ocurrir es que, con respecto a la *tarea*, las interacciones pierden toda la información relevante para solucionar el problema y se concentran en aspectos intrascendentes, inútiles o simplemente contraproducentes. La cuestión se entiende mejor si nos preguntamos para quiénes y en qué sentido las interacciones son progresivas o regresivas.

Si tomamos como unidad de análisis al grupo de empleados de Cajas, vemos que las interacciones que mantienen les permiten procesar información y construir respuestas para librarse de la presión del público; también contribuyen a su cohesión interna y a construir conocimiento, significado e identidad desde la situación en la que se encuentran. Si, en cambio, observamos la relación entre esa "isla" de conocimiento con la supervisión o con las otras "islas" o áreas de la organización (Rotulación, por ejemplo), encontramos interacciones regresivas. Las conversaciones con la supervisora no abren caminos que mejoren los procesos de tal forma que no solamente permitan convivir con la situación, sino solucionarla. Tampoco ayudan a hacer crecer la cohesión entre los distintos grupos de trabajo. Son interacciones regresivas. El resultado es que el grupo, actuando racionalmente, se cierra cada vez más sobre sí mismo y en su propia lógica, con lo que perjudica al conjunto e incluso a sí mismo en el largo plazo.

Aprender para la acción. No hay duda de que los empleados del caso aprenden, pero sus aprendizajes están relacionados con convivir con una situación insoportable y no con modificarla. Aunque no lo sabemos, es posible que esa situación en realidad no beneficie a nadie, pues el malestar de los empleados no les sirve a los clientes ni a los accionistas. Sin embargo, todo el mundo parece estar reforzando tal situación con sus actitudes. Pareciera que cambiar es más costoso que padecer, y tal vez así lo sea. En nuestros términos, el tipo de aprendizaje necesario para convivir con esta situación no es del mismo tipo que el necesario para modificarla.

Para Argyris, el aprendizaje adopta dos formas: la de *circuito simple* y la de *circuito doble*[2]. El aprendizaje de circuito simple formula una pregunta unidimensional para obtener una respuesta del mismo tipo. Suele ejemplificar este fenómeno con el caso del termostato de una heladera, que mide la temperatura existente en la cámara frigorífica contra una temperatura elegida y prende y apaga la fuente de frío de acuerdo con el nivel de esta temperatura. Toda la transacción es binaria: se limita a verificar si lo que ocurre es lo esperado o no. El aprendizaje para resolver problemas de los empleados del caso es de circuito simple, dado que una pregunta unidimensional obtiene una respuesta unidimensional.

Con respecto al aprendizaje de circuito doble, en el ejemplo del termostato, este se preguntaría por qué se eligió la temperatura actual, si esa es la temperatura adecuada para conservar correctamente los alimentos y, si fuera así, si la fuente de frío que se utiliza es la más eficiente para lograrlo. El aprendizaje de circuito doble formula interrogantes no sólo sobre hechos, sino sobre las razones y los motivos detrás de esos hechos. Veríamos aprendizaje de circuito doble en el supermercado si el gerente, en vez de limitarse a decir que la organización no ofrece carreras sino puestos de trabajo, pudiera cuestionarse si esa es una buena política en el mediano plazo; si la supervisora pudiera cuestionarse si controlar ocultando la información permite que la situación se mantenga dentro de las pautas deseadas; y si los empleados pudieran cuestionarse si evitar problemas a costa de perpetuarlos es una buena estrategia.

---

2. En inglés: *single-loop learning* y *double-loop learning* (Argyris y Schön, 1978).

No deberíamos, sin embargo, inferir que el aprendizaje de circuito simple es negativo. Por el contrario, es indispensable ya que para manejar adecuadamente cualquier situación es necesario entender las relaciones entre nuestras acciones y sus resultados. El problema no es el aprendizaje de circuito simple, sino el hecho de que los individuos solemos inhibir el de circuito doble en nosotros mismos y, como consecuencia, en los grupos y en las organizaciones de las que formamos parte.

Cuando esto ocurre, la organización se convierte en un mero proceso amplificador de "más de lo mismo". Matilde se da cuenta de que, si no les contesta a los clientes lo que ellos preguntan, tiene un problema, entonces inventa una respuesta cualquiera, aunque no sea adecuada. La supervisora se da cuenta de que si los empleados disponen de la misma información que ella, pierde control de la situación, entonces la escatima para ser indispensable, al costo de que la situación se descontrole permanentemente.

¿Por qué se inhibe el aprendizaje de circuito doble? ¿Por qué ni el gerente ni la supervisora se cuestionan los fundamentos de un accionar que no produce más que errores repetitivos? ¿Por qué Matilde no insiste en que la supervisora le proporcione la información que ella necesita? ¿Y por qué tampoco lo hace ninguno de sus compañeros? Según Argyris (1994) existen dos mecanismos relacionados: uno *social* y otro *psicológico*.

Para comprender el mecanismo social es útil ir más arriba en la pirámide organizativa y tratar de imaginar los motivos del gerente de la sucursal del supermercado para no indagar sobre los problemas que impiden a los empleados dar mejor calidad[3].

---

3. Aunque sea obvio, vale la pena aclarar: en una situación real sería importante no imaginar lo que piensan los distintos actores, sino preguntárselo.

Es probable que, de hacerlo, hubiera dejado en descubierto el conflictivo *pacto* de supervisores y empleados con el proceso ineficiente. Él podría haber descrito sus propios motivos, para no averiguar más, como "bien intencionados": no quería destapar la caja de Pandora, no quería ser persecutorio ni negativo. Pero su comportamiento se combinó con la imposibilidad de todos de examinar su propio comportamiento individual y bloqueó el tipo de aprendizaje crucial para la efectividad organizacional.

Al respecto dice Argyris:

En nombre del pensamiento positivo, los gerentes a menudo censuran lo que todos necesitan decir y oír (…) no brindan a los empleados ni se brindan a sí mismos la oportunidad de aprender a entender el comportamiento propio y así asumir responsabilidad por las propias acciones. Dado que el aprendizaje de circuito doble consiste en autocuestionarse supuestos y conductas, esta opción aparentemente benévola y "considerada" es en realidad una opción "anti-aprendizaje". Es verdad que ser considerado y positivo puede contribuir a resolver problemas de circuito simple; pero nunca va a permitir a las personas comprender por qué durante años convivieron con determinados problemas, por qué los ocultaron, por qué ocultaron tal ocultamiento y por qué fueron tan eficientes para señalar la responsabilidad de otros y tan lentos para reconocer su propia responsabilidad (Argyris, 1994, p. 79).

En ninguno de los diálogos los empleados parecen cuestionarse por qué nunca han advertido a la gerencia acerca de los problemas de la sucursal. Lo que vemos aquí es a gerentes utilizando un comportamiento socialmente aceptado que inhibe el aprendizaje y a los empleados manteniendo una loable solidaridad para sostener la situación que los hace sufrir.

Para entender por qué todos –no importa el nivel jerárquico y las diferencias que los separan–, coinciden en inhibir el aprendizaje, es necesario examinar algunos motivos psicológicos más complejos.

Volvamos a la historia del grupo: su aprendizaje de circuito simple les resuelve algunos problemas y les permite "sacarse a los clientes de encima". Por eso, frente a situaciones de amenaza o de incomodidad, el razonamiento riguroso deja lugar al razonamiento defensivo y los empleados eluden toda responsabilidad y culpan a otros de la situación.

El razonamiento defensivo sirve para autoprotegerse, aunque quien lo utiliza no sea consciente de que se está protegiendo. La persona cree que está haciendo lo único lógico en esa circunstancia. Lo que el gerente hace es lógico en una empresa que "no se propone dar una carrera sino un puesto de trabajo", como él mismo dice; los empleados hacen lo lógico frente a la falta de información que les demandan los clientes. El problema es que nadie cuestiona la circunstancia que hace que no aprender sea la mejor estrategia. Todos parecen actuar racionalmente, aunque en realidad junten datos en forma selectiva, postulen sólo causas que no los incomodan y verifiquen solamente las explicaciones que les sirven.

Para Argyris, esta falta de cuestionamiento está relacionada con modelos mentales que desarrollamos temprano en nuestra vida para poder enfrentarnos con cuestiones amenazantes. Aprendemos y retenemos lo que él llama "programas maestros" para enfrentarnos con situaciones difíciles. Estos programas son pautas que guían nuestras pautas, conjuntos de reglas que usamos para diseñar nuestras acciones e interpretar las acciones de otros.

El programa maestro guía la teoría en uso, la que se infiere que usamos observando nuestras acciones, más que la teoría elegida, la que declaramos (y creemos) que guía nuestros actos.

La teoría en uso, consistentemente, se limita a evitar la vulnerabilidad, el riesgo, la incomodidad, y que se haga evidente nuestra incompetencia. Es una estrategia profundamente defensiva. Las teorías en uso premian el control unilateral –controlar a otros y no ser controlados– y la victoria sobre todo el resto. Dentro de este espacio, toda reflexión tenderá a incrementar el control y maximizar las ganancias; no a abrirnos a nuevas posibilidades.

Según Argyris, las estrategias defensivas se han transformado en una segunda naturaleza: se vuelven un hábito inaccesible a la reflexión.

Rutinas defensivas. Estas estrategias defensivas, de engaño y autoengaño individuales que inhiben el aprendizaje, incluyendo a todas aquellas políticas, prácticas o acciones que evitan el malestar impidiendo analizar su naturaleza y sus causas, se transforman en formas instituidas de hacer las cosas. Es decir, dejan de ser estrategias puramente individuales para transformarse en "rutinas defensivas organizacionales".

Para librarse de la incomodidad de reconocer que maltratan a los clientes, los empleados inventan un monstruo al que llaman *la gente* que no merece nada distinto, la supervisora finge no darse cuenta de cómo su forma de controlar no produce sino descontrol y el gerente pretende convertir su incompetencia para generar motivación en una política (ofrecer puestos y no carrera) que ni siquiera intenta evaluar o justificar. Por supuesto que, para que esta rutina de eliminar la incomodidad funcione, es imprescindible que ni siquiera la mencionemos (Argyris, 1999).

Doble vínculo. La secuencia de una rutina defensiva organizacional suele ser más o menos similar: a) se inicia con un mensaje paradojal tal como cuando la supervisora dice "facilíteles a los clientes la información que piden aunque usted no tenga acceso a ella"; b) finge que el mensaje no es paradojal (la supervisora da a entender que "usted puede solicitarme la información que necesite") y c) hace que tanto el mensaje paradojal como su afirmación de que no lo es sean indiscutibles (lo que los empleados perciben cuando dicen "con la Raimondi no se puede hablar, ella quiere todo rapidito"); y d) finalmente hace que lo discutible sea indiscutible (como el mensaje institucional "nos proponemos dar calidad de servicio").

La estructura de las rutinas defensivas tal como las describe Argyris, se parece mucho a lo que Gregory Bateson (1972) y Paul Watzlawick (1989) han descrito como "doble vínculo". El doble vínculo es una forma de relación asimétrica y significativa entre al menos dos personas que resulta paralizante e impide pensar el contexto de la situación para replantearla. Incluye un pedido paradojal y, al mismo tiempo, una prohibición de señalar que el pedido es imposible de ser cumplido. Así, señalábamos en el análisis del caso que si Matilde le da la razón a la mujer que le grita y se pone a gritar ella también, aparece como loca. Si acepta lo que la mujer le dice, que es lo que ella misma sufre, teme enloquecer. Ni siquiera puede plantear que estas situaciones no deben ocurrir y que es necesario hacer algo, porque eso implicaría hablar con gente con la que no puede hacerlo. Las rutinas organizativas inhiben el aprendizaje inhibiendo los mecanismos para cuestionar el contexto inhibidor.

Mente colectiva. Para Weick y Roberts (1993) los miembros de un grupo ajustan su conducta unos con otros en función de un patrón externo a cada uno de ellos, que es el patrón de sus conductas interconectadas. Las características de ajuste de ese patrón pueden ser definidas como una *mente colectiva*. Esta "mente" no es un objeto en sí mismo sino una característica de las interacciones[4]. Para estos autores existe un mayor o menor grado de "mente" cuanto más o menos ajustada sea la conducta de los actores a lo que los demás hagan con su contribución.

---

4. Estos autores parten de Ryle (1949), por lo que definen el concepto de "mente" como una disposición a actuar ajustadamente *(with heed)*.

La palabra "colectiva" se refiere a individuos que actúan como si formaran parte de un grupo, con mayor o menor cuidado; el análisis de la forma en que esta interrelación es construida muestra procesos mentales colectivos diferentes en cuanto a grado de desarrollo.

Para Wegner y sus colaboradores (1985) la conducta colectiva puede ser explicada en parte por los procesos de memoria. Cuando la gente está en estrecha relación desarrolla un sistema compartido de memoria del que cada uno puede recordar ciertos aspectos. En estos casos, aunque no todos conozcan los detalles de los hechos comunes, todos confían mutuamente para encontrar claves que les permitan rescatar datos de su propia memoria. Así vemos en el caso cómo los diálogos construyen una memoria común a la que todos aportan, que les sirve para construir su identidad, dar sentido a la situación y desarrollar un conocimiento colectivo.

A través de los sistemas de memoria, los individuos guardan información relacionada entre sí en diferentes lugares de la organización. Cuando encuentran información confusa, la subsumen en categorías más amplias. Esta integración de información difusa es la que produce las "transformaciones mágicas" que la mente grupal parece operar a veces, como la construcción del concepto *la gente* que se observa aquí. La memoria colectiva no significa, por lo tanto, que todo el mundo comparte los mismos datos, sino que estos están accesibles a través de los vínculos entre los jugadores. En otras palabras, la memoria y los aprendizajes colectivos no pueden ser entendidos sin la interacción entre los miembros del grupo.

Aunque solamente los individuos contribuyen a la mente colectiva, una mente colectiva se diferencia de una individual en que se basa en patrones de actividad interrelacionada entre diferentes actores.

En este sentido, dicen Weick y Roberts, "mente" es un sustantivo similar a fe, esperanza, caridad, rol y cultura, que no denominan a una persona, un lugar o una cosa, sino una disposición a actuar de cierta manera (Ryle, 1949).

El ajuste no es una acción, sino que se refiere a cómo las acciones están articuladas entre sí y con un contexto dado. De esta manera, un payaso que comete torpezas y maneja mal las situaciones, lo hace conscientemente con mucho cuidado y ensayo, y el público lo aplaude porque su acción es ajustada en ese contexto.

Cuando el ajuste se pierde, la acción se vuelve descuidada, despreocupada o indiferente. La acción desajustada es más una dificultad para ver, para darse cuenta o para atender, que una falta de información.

Así, la dificultad de esta sucursal para dar calidad de servicio quizás no tenga nada que ver con falta de información sobre en qué consiste, sino más bien con la imposibilidad de articular los vínculos necesarios para lograrla. Como hemos visto, los actores dejan de hacer cosas que podrían hacer en otras circunstancias, precisamente porque son conscientes de qué harán los otros con sus contribuciones.

De la misma manera, el grupo de empleados desarrolla una mente orientada a protegerse de una situación que no puede resolver. En esa acción sus miembros generan una coherencia capaz de lograr un tipo de resultados que parece surgir de un centro organizativo único, solamente que tal centro no existe.

Estas acciones grupales solamente son posibles cuando cada participante tiene una representación que incluye las acciones de otros y sus reacciones, las respectivas acciones *convergen*, se *asisten* y se *suplementan* recíprocamente. Así, la situación global está representada en cada actor y en una forma coherente con la de los otros, y cada miembro del grupo parece entonces poder subordinarse a los requerimientos de la acción conjunta. Estos requerimientos que los articulan configuran un *sistema* que no reside en los individuos tomados de a uno ni en un lugar determinado fuera de ellos, sino que es el patrón mismo de sus interrelaciones.

¿Qué se puede hacer?

Un enfoque de intervención "a lo Argyris" (1999) requeriría lo que en este caso no tenemos: la voz de los distintos actores. En él estamos suponiendo lo que la Raimondi, su jefe y la misma Matilde piensan a partir del relato del narrador. Escucharlos a ellos para luego trabajar sus propias contradicciones sería indispensable en ese caso.

Si se tratara de un enfoque de capacitación más tradicional, sería necesario tener en cuenta que la tarea de construcción de conocimiento para que un grupo genere una nueva competencia debe operarse no sólo en el colectivo que aspira a lograr ese desempeño, sino además en el vínculo que los participantes mantienen con la red de autoridad que lo sustenta.

En lo que se refiere al diseño del programa de capacitación, sus requisitos surgen en buena medida de las características del contexto, a partir de las dos variables de la situación con incidencia directa sobre el pasaje de lo aprendido a la acción: el grado de acuerdo entre los constituyentes de la situación y el grado de factibilidad técnica para llevar a la acción lo aprendido (Vázquez Mazzini y Gore, 1995; Walter y Gore, 1996).

El grado de acuerdo es el consenso colectivo necesario para modificar las rutinas existentes. Por su parte, la factibilidad técnica es la disponibilidad de las herramientas, ya sean información, instalaciones o equipos necesarios para poner en práctica las ideas acordadas. En otras palabras, de lo que se trata es de preguntarse quiénes quieren hacer estos cambios y en qué medida estos cambios son posibles ahora.

En tanto se trata de dos variables, cada una puede tener un grado "alto" o "bajo". Por lo tanto, habría al menos cuatro contextos diferentes: uno de alto acuerdo y alta factibilidad; un segundo de alto acuerdo y baja factibilidad; un tercero de bajo acuerdo y baja factibilidad y, finalmente, un cuarto de alta factibilidad y bajo acuerdo.

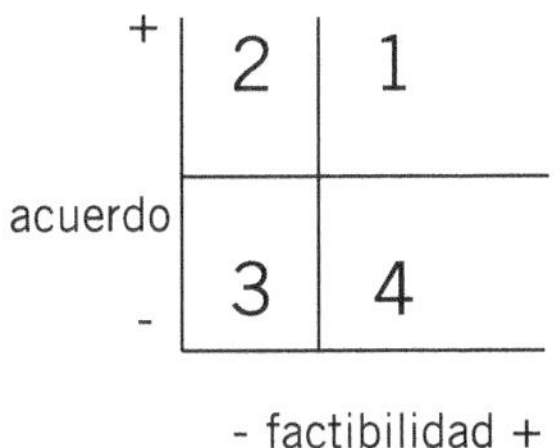

Gráfico 2. Matriz de contextos.
Fuente: Vázquez Mazzini y Gore (1995).

Cada contexto requiere un diseño de la capacitación diferente, en el cual la capacitación cumple funciones distintas, ya sea instalar nuevos temas (agenda), nuevas rutinas, explicitar posibilidades o generar proyectos. Según la situación, la capacitación puede operar brindando habilidades específicas para instalar nuevas rutinas (cuadrante 1), generando proyectos (cuadrante 2), creando agenda, instalando un tema controversial en la organización (cuadrante 3) o bien explicitando posibilidades y limitaciones (cuadrante 4).

Supongamos que, en nuestro caso, recibimos el pedido de un curso de Calidad de Servicio para los empleados del supermercado.

Supongamos para simplificar que el pedido se origina dentro de la sucursal y que el gerente, a diferencia de lo que parece ocurrir, tiene una misión explícita que le da libertad de acción para hacer lo que sea necesario a fin de resolver el problema de la calidad del servicio al cliente.

El punto de partida sería un grado muy bajo en ambas variables: no existen en el supermercado los acuerdos necesarios para dar calidad de servicio y, aunque estos se lograran, resultaría necesario hacerla factible a través de un sistema de información más eficiente.

Es posible entonces que el primer objetivo de un proyecto de capacitación sea incluir este problema en la agenda, es decir, trabajar en el cuadrante 3. Convertir a la calidad de servicio en un tema, para la dirección y para los empleados. Se trata de llegar a una mirada común acerca de qué sería calidad en ese contexto específico, ubicar qué de lo que hacen se acerca a la calidad y qué atenta contra ella.

Se trata de descubrir junto con los actores (a fin de que tomen conciencia) las inconsistencias entre lo que se dice y lo que se hace, a través de generar las condiciones para que la gente las descubra mediante la identificación de datos observables. Es muy probable que surja de aquí una relación directa entre la calidad de vida en el trabajo y la calidad del servicio que estos pueden prestar.

En una segunda etapa, se trataría también de lograr acuerdos acerca de estrategias de acción que no se orientaran a convivir con el problema sino a resolverlo, esto es, qué sería lo que debería hacerse. El objetivo es lograr algunas reglas de juego que permitan hacer lo que se dice que se quiere hacer. Esto implica trabajar como si se estuviera en el cuadrante 4, buscando los acuerdos necesarios[5].

La pregunta que guía la acción de la intervención en esta etapa es: ¿qué acuerdos debemos lograr para que la calidad de servicio sea posible? La agenda de las cosas a revisar es la que surge de la etapa anterior.

---

5. Decimos "como si se estuviera en el cuadrante 4" porque lo típico de este cuadrante es buscar acuerdo cuando la factibilidad existe; en este caso la factibilidad aún no existe, lo que ocurre es que probablemente dejemos de lado por un momento la factibilidad, en busca de los acuerdos necesarios para hacerla posible.

En esta etapa, es posible que algunas de las reuniones se convoquen por nivel y otras por sectores, incluyendo a diferentes niveles.

Así, otra pregunta importante en esta etapa sería: ¿en qué condiciones de contexto es posible dar buena calidad de servicio cuando la organización no ofrece una carrera sino un puesto? Si la respuesta fuese que no hay ninguna condición que lo permita, sería necesario pensar en otra discusión, con otros actores más allá de la sucursal misma. También deberían ser cuestionados los vínculos entre el gerente y los supervisores, y entre estos y los empleados, así como las pautas de promoción del personal.

Supongamos por un momento que algunos de los acuerdos estuvieran alcanzados y que, aunque quedaran otros todavía en la agenda, fuera posible comenzar a trabajar alrededor de los problemas de factibilidad. Si el problema de la provisión de la información necesaria a los cajeros se resolviera solamente con una copia del cuaderno de la supervisora, es probable que hubiera podido encararse en la etapa anterior. Si hubiera sido necesario contar con una red de información computarizada o abordar el problema de los empleados que faltaban en la sección *delicatessen*, un acuerdo no daría soluciones inmediatas. En ese caso, la capacitación debería centrarse en el cuadrante 2, para descubrir cómo dar la mejor calidad de servicio posible con las restricciones existentes, más allá de que la gestión se orientara por otra parte a la solución de estos problemas estructurales.

Finalmente, de lo que se trataría es de lograr cierto repertorio de respuestas compartidas que identificaran lo que llamamos *calidad de servicio*. Muchas de estas, sin duda, habrían surgido de las etapas anteriores, para hacerlas comunes entre los empleados que ya estuvieran y sistematizarlas para que se pudieran enseñar a los que se incorporaran en el futuro, lo que sería un trabajo en el cuadrante 1, ya que consistiría en desarrollar habilidades personales para las cuales existiría ya un marco colectivo de factibilidad y de acuerdo.

Hemos tratado el cuadrante como una sucesión de etapas que se desarrollan en el tiempo. Esto no siempre es así. Muchas veces la intervención de la capacitación es más limitada y se restringe a uno o dos de los cuadrantes. Sea como fuere, el problema es preguntarse inicialmente por el grado de acuerdo y de factibilidad para tratar el tema en cuestión y adaptar el diseño a esa situación. Lo que hay que hacer puede variar según las circunstancias, pero es importante entender lo que no puede hacerse: limitarse a enseñar algo independientemente de las condiciones del contexto. Es común encontrarse con que en contextos como el del caso, se ha dado un seminario cuyos contenidos se limitan a consejos sobre cómo atender bien a los clientes. Cuando eso ocurre, la capacitación simplemente no sirve. El problema no es que los empleados no sepan lo que hay que hacer; el problema es que no existen las condiciones para hacerlo o que el tema no es asunto para ellos. Cuando es así, la capacitación debe orientarse a crear la agenda (volverlo relevante), construir los acuerdos necesarios, desarrollar la factibilidad o, al menos, descubrir cómo enfrentar el problema cuando no todas las condiciones están dadas.

Bibliografía

Argyris, C. y Schön, D.L: *Organizational Learning: A Theory of Action Perspective.* Addison-Wesley, Reading, MA, 1978.

Argyris, C.: *Conocimiento para la acción.* Granica, Buenos Aires, 1999.

——————— "Good communication that blocks learning". En *Harvard Business Review.* Cambridge, Jul-Aug, 1994.

Bateson, G.: *Steps to an Ecology of Mind.* Ballantine Books, New York, 1972. Edición en castellano: *Pasos hacia una ecología de la mente,* Lohle-Lumen, Buenos Aires, 1998.

Gore, E.: *Conocimiento colectivo, la formación en el trabajo y la generación de capacidades colectivas*. Granica, Buenos Aires, 2003.

Perkins, D.: *Arthur's Round Table: How collaborative conversations create smart organizations*. Wiley, Boston, 2003.

Ryle, E. G.: *The Concept of Mind*. Chicago, The University of Chicago Press, 1949.

Salomon, G y Perkins, D.: "Individual and social aspects of learning". *Review of Research in Education*, Vol. 3, 1998.

Vázquez Mazzini, M. y Gore, E.: "La organización capaz de aprender", documento presentado en la reunión Capacitación como Gestión de Negocios, organizada por el Institute for International Research en Buenos Aires, 1995.

Vroom, V. H: *Work and Motivation*. Wiley, New York, 1964.

Walter, J. y Gore, E.: "¿Una vidriera espejada? Modernización tecnológica sistémica y nuevas tecnologías educativas en una empresa telefónica privatizada de la Argentina". Documento de trabajo. Departamento de Administración de Empresas, Universidad de San Andrés, Buenos Aires, 1996.

Watzlawick, P.: *Teoría de la comunicación humana*. Herder, Barcelona, 1989.

Wegner, D., Giuliano, T. y Hertei, P.: "Cognitive Interdependence in Close Relationships". En Ickes W.J. (comp.): *Compatible and Incompatible Relationships*. Springer-Verlag, New York, 1985, p. 253-276. Citado por Weick y Roberts, 1993.

Weick, K. y Roberts, K.: "Collective Mind in Organizations: Heedful Interrelating on Flight Decks". En *Administrative Science Quarterly*, 38, 1993, p. 357, 381.

CAPÍTULO 4

APRENDER EN LA ESCUELA: REDES QUE ENSEÑAN

El tema aquí es el aprendizaje colectivo a través de redes interpersonales que construyen conocimiento, sentido e identidad. Revisaremos algunos supuestos sobre las organizaciones y su funcionamiento y la generación de capacidades colectivas. Nos referiremos también al papel de los procesos planeados y los emergentes en situaciones donde no se puede transitar por experiencias conocidas y donde los vínculos de mando y obediencia –un supuesto fuerte en las teorías de la organización–, no funcionan.

Exploraremos los casos en los que la acción precede al pensamiento y analizaremos también un concepto importante, sobre todo pero no exclusivamente, en las escuelas: el de "organizaciones de ajuste flojo", así como el papel del liderazgo en instituciones donde los indicadores de éxito son ambiguos.

El caso[1]

La escuela se inauguró en 1996. Era un edificio grande que había sido construido para que funcionara allí un jardín de infantes y una escuela primaria de doble jornada. Sin embargo, en abril de ese año, el intendente de la ciudad, tal vez como parte de su campaña electoral, inauguró como colegio secundario el sector del edificio que ya había sido construido. No era lo planeado, pero de todas maneras hacía falta una escuela media en ese lugar, junto a una de las villas más antiguas y pobladas de Buenos Aires, la del "bajo Flores", de donde provenía la mayoría de los chicos que recibía el establecimiento.

Las villas de Buenos Aires[2]

Según datos del INDEC y de la Comisión Municipal de la Vivienda, a fines de 2003 la población de las villas de emergencia de la ciudad se había duplicado entre 1993 y ese año, pasando de 52.000 personas a 116.000. Un incremento superior al 100% que se traducía, entre otras cosas, en ocho nuevos asentamientos.

El dato era coherente con el crecimiento de la indigencia y la pobreza en el país, porque la proporción de personas que estaba por debajo de la línea de pobreza e indigencia había crecido un 50% en el último trienio.

---

1. Nuestro especial agradecimiento a Eugenio Perrone, Raúl Paglilla, Patricia Miranda y Cristina Gabelloni por haber participado en las entrevistas para la construcción de este caso. Es claro, sin embargo, que el mayor o menor grado en que este relato refleje la realidad es exclusiva reponsabilidad de los autores.

2. El nombre "villa de emergencia" o "villa" a secas designa en la Argentina a conglomerados de viviendas muy precarias, similares a las favelas de Río de Janeiro. Los datos sobre las villas en Buenos Aires fueron tomados del diario *Clarín* del 8 de diciembre de 2003: "En diez años se duplicó la población de las villas porteñas", por Georgina Elustondo, p. 36 y 37.

Según el diario *Clarín*, mucha gente debió abandonar su residencia anterior, en general piezas de inquilinato u hoteles-pensión, para ubicarse en asentamientos. En 1991 el 77% de la población de las villas era nativo, mientras que a fines de 2003 sólo el 59% había nacido en la Argentina. Muchos extranjeros llegaron al país atraídos por el alto valor del peso en relación con el dólar durante la década de los '90, y perdieron mucho con la devaluación que se produjo a fines de 2001. Así, un habitante del bajo Flores declaraba al diario: "Primero dejé de mandar plata a mis padres. Después perdí mis changuitas[3], no pagué más el alquiler y terminé en la villa, con mis primos. Ya no puedo volver a Paraguay porque mis hijos son argentinos y no junto plata para llevarlos a todos".
La villa más poblada en ese momento era precisamente la del bajo Flores que, rodeada por barrios construidos para erradicarla, no dejaba de crecer.

Según Eugenio, director de la escuela, "la villa fue erradicada más de una vez, pero siempre vuelve con otra gente; es una zona donde se alternan distintos barrios construidos para erradicar villas que luego volvieron a multiplicarse. Uno llega en transporte público hasta una esquina que es la frontera con el resto del mundo; en esa esquina encontrarás todas las mañanas unas 200 personas que buscan trabajo. Concurren allí quienes necesitan albañiles, pintores, herreros o muchos otros oficios para contratar gente por un día o períodos un poco más largos, pero siempre en trabajos eventuales e informales".

Se trata de una población con muy pocos recursos. Muchos de los residentes son inmigrantes. En la zona se desarrollaron pequeñas empresas textiles, buena parte de ellas impulsadas por miembros de las comunidades coreana y boliviana, lo cual es interesante, ya que se suele pensar en la mano de obra de esta última nacionalidad pero

---

3. Changuitas: trabajos ocasionales, de corta duración y bajos ingresos.

no tanto en los empresarios textiles que de ella surgen. Este no es el único caso en el que los estereotipos son más fuertes que la realidad en relación con los inmigrantes bolivianos. De hecho, aunque la comunidad está radicada en el país desde hace muchos años, para asombro de Eugenio, los vecinos los perciben siempre como si fueran nuevos.

Si bien hay gente que ha nacido en la villa, gran parte de sus habitantes son inmigrantes o hijos de inmigrantes. Llegaron de provincias del interior del país, otros de Bolivia, Perú y el Paraguay. Eugenio estima posible que un 43% de la población sea extranjero; si a ese porcentaje se le suman sus hijos, tendríamos que un 85% de la población aproximadamente son extranjeros o argentinos de primera generación. Hay también algunos uruguayos, pero no son tantos, y se caracterizan porque entre ellos una buena proporción es de origen africano. A su juicio, la inmigración no es un fenómeno que se haya estabilizado, sino que sigue llegando todo el tiempo gente empujada por la miseria: "desde que se creó la escuela en 1996, la villa ha seguido creciendo, y mucho".

La escuela media tiene unos 620 alumnos, aunque haya iniciado el año con 670; en realidad, es muy difícil saber la cifra, porque hay mucha deserción y mucha irregularidad en la asistencia: "Hay alumnos que dejan, otros que caen presos, alumnas embarazadas, apenas un 20% llega a quinto año en tiempo. Hay muchos que andan alrededor de la escuela, que se van y vuelven esporádicamente. Suelen entrar unos 160 a primer año, pero no suele haber en quinto más de 50, de los cuales muchos se agregaron en los distintos años. Los que se agregan suelen venir de otros barrios y son alumnos a quienes les ha ido mal en otras escuelas, que vienen a esta para encontrar un secundario menos exigente. Esos chicos y chicas son percibidos por los del barrio como 'distintos', de otra etnia".

En el edificio funciona también un jardín maternal inaugurado en 2002 y que atiende a unos 40 hijos de alumnos actuales de entre 13 y 22 años; hay alumnas de 14 años embarazadas que, después de tener al bebé, lo dejan en el jardín maternal para poder seguir yendo a la escuela.

En palabras del director: "Es una escuela grande, con muchos profesores que van y vienen. Es interesante ver lo difícil que es lograr consensos y hacerlos efectivos. Yo como director, no sé, trabajo empíricamente. Como dice Cristina, una preceptora que tenemos, a veces dan más trabajo los grandes que los chicos".

Esta situación de irregularidad en la relación con la escuela no se limita a los alumnos. Para el director es casi imposible saber cuántos profesores tiene a su cargo en cada momento. La mayoría de los docentes reparten su extenso día laboral entre varias escuelas y muchos de ellos suelen pedir la mayor cantidad de días de licencia posible por motivos muy variados. A una profesora que pidió licencia por embarazo la reemplazaron durante ese período cuatro docentes distintas.

La escuela funciona en dos turnos, cada uno de los cuales tiene los cinco años completos, hay tres divisiones de primer año en el turno mañana y en el turno tarde (cada alumno concurre teóricamente a la escuela medio día). A la noche funciona en el mismo edificio una escuela de adultos, que no es parte de la estructura del colegio diurno. También el jardín maternal es otra institución con su propia directora. La escuela media funcionó al principio en los locales que hoy ocupa el jardín y se fue mudando a medida que avanzaba el edificio.

La vida de los alumnos transcurre siempre en una situación muy precaria, al borde de la marginalidad. De la misma manera que la irregularidad de los estudiantes parece emparejarse con la de sus docentes, su marginalidad no es menor que la que a veces muestran los policías que se apartan de la ley. No hace mucho, un grupo de chicos fue incomprensiblemente obligado por un grupo de agentes policiales de la comisaría de la zona a tirarse al Riachuelo, un río que corre al sur de la ciudad, cuyo nivel de contaminación supera al de una cloaca, y uno de ellos, hermano de un alumno de la escuela, murió. Es común que la Policía tienda a considerar delincuentes a los chicos de la villa y los detenga con o sin causa. Muchos alumnos que abandonaron la escuela han sido muertos por agentes. Es difícil de creer la cantidad de chicos de esta población que mueren por diversas causas: tiroteos, abortos, partos, drogas. "Es común que algunos de ellos vivan al margen de la ley. Cuando se van reinsertando en la sociedad, vuelven a la escuela, pocos a las aulas, pero se acercan al comedor, donde van también unos 100 vecinos de la villa: viernes por medio se cocinan milanesas a la napolitana y la asistencia crece, es una fiesta, y la escuela se llena de alumnos que dejaron. Son sobrevivientes, con causas pendientes, que muchas veces siguen al margen de la ley, con drogas o comerciando cosas robadas, pero que van saliendo paulatinamente de una participación activa en el delito. Hay caminos para ir entrando en él y caminos para ir saliendo, pero siempre en los márgenes… claro que es una fiesta para ellos, los que dejaron", agrega Eugenio, "que puede producir dolores de cabeza a los demás; tengo que discutir muy seguido con la gente del comedor o con los docentes sobre esa fiesta".

Fuera de las aulas se desarrolla una enorme cantidad de actividades impulsadas por la escuela. Esas actividades tienen diferentes grados de institucionalización y van desde iniciativas casi personales de docentes y vecinos hasta programas del Gobierno de la Ciudad.

Así, hay una huerta que impulsan dos vecinos. Uno de ellos es una mujer joven, que perdió a su hermano en un tiroteo, cuyo aspecto robusto la convierte en la imagen mítica de una madraza. También hay actividades deportivas, un centro de derechos humanos, campamentos, formación de animadores sociales y una incontable gama de reuniones de diversos grupos con objetivos y regularidad tan variables como se pueda imaginar.

La identidad de la escuela tiene mucho que ver con todas estas cosas, la mayor parte de las cuales sucede afuera de las aulas. Esto no significa que dentro de las aulas no ocurran cosas importantes, pero para eso es necesario crear una situación de diálogo y convivencia que no se da por sí misma.

La existencia de numerosos grupos que desarrollan actividades diversas hace que en la escuela convivan alumnos, docentes y vecinos. Aunque al principio "cada uno de ellos percibía al otro como un poco sospechoso, a veces logran hacer cosas juntos".

La escuela no parece signada por la regularidad y el orden que caracterizó a las escuelas públicas argentinas en las primeras décadas del siglo XX.

El director asegura que él mismo no es una imagen de regularidad: según dice, le cuesta trabajo llegar a horario, suele quedarse dormido y no es una persona a quien se pueda encontrar previsiblemente a determinada hora en cierto lugar. Él cree que es capaz de hacer propuestas interesantes, pero no de hacer el seguimiento y la sistematización que estas requieren. Sin embargo, parece ser un motor importante de la iniciativa que muestra la escuela.

Hay un grupo activo de docentes muy movilizados políticamente, con ideas de izquierda "y un vocabulario revolucionario, que suena a asamblea permanente". Otros profesores, como Marta, de Historia, más tradicionales en su ideología, desarrollan su tarea con mucha capacidad de innovación. Están finalmente los que sólo "cumplen" y otros pasan el año con la mayor cantidad de licencias que les sea posible tomar.

Algunos profesores son una historia en sí mismos. El de Educación Física fue voluntario de las Naciones Unidas, donde atendió a refugiados palestinos: "Hice allí cosas que aprendí aquí", explicaba. Puso en marcha en la escuela actividades deportivas los sábados y domingos. Su aporte tuvo mucho que ver con la creación de un club escolar, que hoy es un programa de la Secretaría de Educación del Gobierno de la Ciudad, así como de una colonia de vacaciones. Hay quienes al referirse a él dicen que "él mismo es un emprendimiento educativo". Con vecinos del barrio y alumnos del profesorado en Educación Física "Enrique Romero Brest", organizó una escuela de fútbol y varios campamentos.

También hay dos preceptoras que trabajan con alumnas madres. De tanto frecuentar maternidades para ver dónde podían ser atendidas las adolescentes embarazadas, han llegado a la conclusión de que la mejor es la Maternidad Sardá y con el tiempo establecieron muy buenos vínculos con sus profesionales. Coordinan talleres conjuntos en la escuela, donde participan alumnas, obstetras, profesores de Biología y psicólogos de un centro de salud municipal cercano.

ESTADÍSTICAS DEL MINISTERIO DE SALUD BONAERENSE:
PARTOS EN HOSPITALES PÚBLICOS
POR AÑO NACEN 30.000 BEBÉS, HIJOS DE NIÑAS
Y ADOLESCENTES

LA PLATA. Casi la cuarta parte de los embarazos registrados en los hospitales públicos bonaerenses corresponde a niñas y adolescentes de entre 11 y 19 años, lo que, reflejado en números, representa más de 30.000 nacimientos de ese tipo por año.

Y más allá de cada caso en particular, hay un hilo conductor que se exterioriza en el hecho de que la amplia mayoría de estos embarazos son no deseados, o bien, producto de violaciones.

Así lo reveló ayer el ministro de Salud provincial, Ismael Passaglia, a La Nación, *sobre la base de datos estadísticos elaborados por la cartera a su cargo, y que por estas horas adquieren especial significado, a partir del caso conocido anteayer del nacimiento de una beba, hija de una menor de 10 años, que había sido violada. La chica dio a luz el miércoles último y el hombre sospechoso de haber sido el violador se entregó ayer a la policía, sobre lo que se informa por separado.*

Según diversos especialistas consultados, el incremento registrado en los últimos años en el número de madres niñas y adolescentes es lo que con mayor crudeza exterioriza la directa vinculación entre pobreza y falta de educación.

Al respecto, Passaglia precisó que el mayor número de embarazos de las denominadas "madres niñas", proviene de los sectores económica y socialmente marginados.

De acuerdo con el relevamiento realizado por la cartera sanitaria, en la provincia de Buenos Aires se contabilizan alrededor de 250.000 nacimientos por año, de los cuales, unos 140.000 se registran en los hospitales públicos.

Y es en este punto donde las estadísticas dan cuenta de que entre el 20 y el 25 por ciento de los alumbramientos corresponde a niñas y adolescentes de entre 11 y 19 años.

El ministro sostuvo, además, que es en la densamente poblada región del conurbano bonaerense donde se registra el mayor porcentaje de embarazos de niñas y adolescentes, y fundamentalmente en las zonas o barrios en los que la marginalidad, la falta de educación, el hacinamiento, la promiscuidad o la desintegración familiar son moneda corriente, aseguró. En el resto de la provincia, el promedio de este tipo de casos es del 13 por ciento, según los datos oficiales.

Fragmento de una nota de Eduardo D'Argenio, publicada en el diario *La Nación*, Buenos Aires, 13 de enero de 2004, p. 21.

El nivel de conflicto en la escuela suele ser importante: si no es por una cosa es por otra. Hace poco un profesor, un hombre grande, fornido, con un estilo que muchos percibían como muy autoritario y humillante, tuvo problemas con varios alumnos, que se quejaron de maltrato, y con otros tantos colegas. Los grupos de docentes radicalizados organizaron una protesta por su actitud. Hubo asambleas donde el profesor fue públicamente criticado y se juntaron firmas para un pedido de sanciones y la constitución de una junta de disciplina.

Todos coincidían en la necesidad de una sanción, pero para algunos la crítica pública en una asamblea y el sumario administrativo eran suficientes, mientras que para los grupos más radicalizados eso se parecía mucho a la impunidad. Estos últimos consideraban que la lectura del acta de la asamblea, confeccionada en tono muy formal, con pocos adjetivos, y leída públicamente por una profesora, no bastaba. Ellos llevan consigo una cultura de resistencia donde los "escraches"[4] y otras prácticas –aplicadas por parientes o amigos de personas desaparecidas durante la dictadura militar– resultan una forma válida de lucha aun dentro de la escuela.

El grupo más extremista, según el director, trabaja muy bien aunque no siempre quiere hacerlo con él. No es tampoco totalmente homogéneo: hay quienes están en actitudes de oposición muy activa y algunos son más contemporizadores.

Una profesora de Historia, por ejemplo, consiguió algo difícil: que los chicos mostraran lo que sabían. Así, logró que en un acto alumnos y alumnas de diferentes países bailaran las danzas que habían aprendido en sus familias: hubo chicas paraguayas que bailaron con una botella en la cabeza y danzas de distintas regiones, mientras otros chicos hacían de locutores. La relación del grupo docente más radical con la profesora de Historia, por ejemplo, no suele ser la mejor posible. Para ellos, ella expresa algo que a veces califican de demasiado formal y a veces de manera más dura. Ella no participa de la radio barrial ni del grupo de derechos humanos promovidos por este sector. A su vez, esas actividades, sin embargo, no resultan

---

4. *Escrache* es una palabra del argot argentino que significa algo parecido a una "mirada que denuncia a alguien". La palabra fue adoptada para designar prácticas consistentes en reunir grupos de gente que, con carteles, pintadas en las paredes y cánticos denuncian a represores del período de la dictadura que han sido, por algún motivo, liberados por la justicia. Según los entrevistados, en los casos en que las agrupaciones de derechos humanos ligadas a la escuela hacen un *escrache*, la calidad de represor del escrachado ha sido establecida y se encuentra en libertad por indultos o leyes especiales.

disonantes con otras de la escuela, algunas relativamente estables, como el taller literario y los grupos de danza y de deportes que se realizan los sábados.

Aunque cada grupo tiene una identidad muy definida, muchas cosas resultan distintas de lo previsible. Cuando la profesora de Historia tomó a su cargo la celebración o el recordatorio de la conquista europea de América a partir del descubrimiento, los grupos más radicales no colaboraron[5] y, aunque tal vez esperaban un acto "pro colonial", los sorprendió una celebración consistente en muestras de las diferentes voces y culturas autóctonas, algo que salía del estereotipo. La profesora de Historia viene de una familia tal vez más "establecida" que lo habitual en la escuela, con muchos abogados y funcionarios del Poder Judicial, pero su opción personal por la docencia y su experiencia en la escuela la fueron llevando hacia miradas y distinciones que no coinciden con lo que muchos esperan de ella. No tiene el léxico ni la ideología de los grupos más radicales, sin embargo su mirada ya no es aquella con la que, quizá, llegó. Mantiene un léxico escolar clásico, pero su producción se orienta a los grupos reales que constituyen esa comunidad y no a la imagen de familia abstracta e idealizada de los manuales escolares.

Los talleres de los sábados son espacios donde se reúnen muchos alumnos actuales, otros que han dejado la escuela pero se mantienen ligados a ella a través de este canal, y vecinos. Algunos de los docentes de los sábados viven en el barrio, otros son profesores que actúan voluntariamente o rentados por el Gobierno de la Ciudad. De los que envía el Gobierno de la Ciudad, no todos se comprometen; hay quienes se limi-

---

5. Uno de los entrevistados manifiesta: "No hubo una negativa explícita, sino que 'naturalmente', porque estaban muy ocupados en otras actividades, no hubo una preocupación por saber qué estaba haciendo la profesora de Historia y cómo podían coordinar esfuerzos, porque ella y este grupo son 'de distintos palos'".

tan a "cumplir" lo mínimo posible. La programación de las actividades y las preferencias del barrio no siempre coinciden, y no hay forma de contratar a los vecinos que ofrecen aquellas actividades que muchas veces encuentran más respuesta. También es cierto que resulta difícil hacer divisiones muy estrictas. El taller literario que promueve el Gobierno de la Ciudad, por ejemplo, nunca tuvo más de cuatro alumnos; sin embargo, al menos para ellos resultó una oportunidad única y cuando el financiamiento se acabó, el profesor siguió dándolo en forma voluntaria.

A esta altura, el director siente que las contradicciones, fortalezas y debilidades de sus docentes son también las suyas propias. Que se maneja "como puede" y dentro de sus límites con gente muy diversa, con muchos de los cuales, como ocurre "con la más ultra de los ultras", "nos queremos mucho y nos agredimos mucho". La escuela "es un montón de mundos" y eso "le da la riqueza que tiene".

La variedad enriquece a la escuela, pero, al mismo tiempo, la hace difícil de gestionar. Es de esa vida tumultuosa de la que los chicos aprenden; también está el trabajo del aula, por supuesto, pero es inevitablemente más limitado y condicionado a ese cambiante e inestable mundo de afuera.

Patricia, por ejemplo, es voluntaria y vive en el barrio. Trabaja en una huerta escolar con un grupo de adolescentes procesados por la justicia. Tienen entre 16 y 28 años y algunos asisten sin cobrar, pero otros están recibiendo algún dinero de un plan para desocupados del Ministerio de Trabajo.

La experiencia surgió a partir de un hecho traumático. En agosto, Ramón, que había sido alumno de la escuela y abandonado los estudios, murió en un tiroteo. Según Patricia, su muerte violenta la movió a esta iniciativa: "Ramón era bardero[6], cuando lo mataron a Ramón empecé con esto.

---

6. Que causaba problemas.

Él pidió ayuda, quería salir pero no podía, nadie lo ayudó. Por eso para empezar buscamos un grupo de chicos ahí, muy al borde".

Son chicos que han sido procesados por delitos, como robar, aunque no se sepa todavía con certeza si son culpables. Otros están en recuperación en un centro de Alcohólicos Anónimos cercano. Patricia, que parece conocerlos y entenderlos bien, cree que necesitan a alguien que los escuche. Trabaja en la atención de los chicos de la huerta con Daniel, quien se desempeña en una cooperativa de trabajo cercana. Asiste también un hombre de General Rodríguez, un pueblo a unos 50 kilómetros, que sabe algo de agricultura.

Según cuenta Patricia, "al principio resultaba chocante para muchos que se estuviera trabajando con ellos, eran chicos que habían sido expulsados de la escuela. Además cobraban dinero del gobierno, y los que se portan bien no tienen trabajo". Ella fue aprendiendo sus mañas: "No son tan así como uno los creía. Son muy vulnerables. A mí me gusta venir, si podemos les preparamos desayuno. Para manejar los acuerdos nos falta un montón... Se nos une otra gente. Van a venir también del centro de salud. En el barrio hablan mal porque se les da una oportunidad a estos chicos y no a otros más buenos. Antes no los querían nada. Ahora hay que verlos: 'Buen día Ana, ¿puedo pasar?', le dicen a la vicedirectora. La gente del comedor también les tomó cariño".

A pesar de todo, los chicos progresan: "La vez pasada hubo un encuentro latinoamericano y ellos organizaron un puesto para vender sándwiches, se hizo plata para la huerta". Se ofrecen para hacer el mantenimiento de la escuela y hasta se pusieron nombre: "Los ramoncitos" o también "Los repiolas". Las familias dicen que ven un cambio en ellos desde que trabajan en la huerta: se van a acostar más temprano y llevan una vida más regular.

Tenemos una cultura transitada por valores democráticos y por esfuerzos democratizadores, pero también por prácticas que no lo son, entre las cuales quisiera señalar dos. Una de ellas es la que el investigador Carlos Nino ha llamado la "anomia boba". Nos cuesta cumplir con las leyes, generar nuestras propias normas de convivencia, para autorregularnos como una sociedad productiva con una más sólida institucionalidad democrática. Otra característica es la de las interpretaciones conspirativas: el otro siempre está sentado en algún lugar oscuro y lejano de la vida cotidiana, pergeñando cosas para arruinarle la vida a la gente. Ustedes dirán: ¿qué tiene que ver esto con el trabajo comunitario? Para mí tiene muchísimo que ver; porque, justamente, la anomia boba y las interpretaciones conspirativas –además de muchas otras características de nuestra cultura– tienden a centrifugar las responsabilidades comunitarias. Mistifican la responsabilidad por todos los problemas en algo difusamente ubicado en alguna institución colectiva, que pareciera no estar conformada por personas que actúan desde su responsabilidad individual, desde su sentido de la solidaridad, del deber, del bien común y de la libertad. Entonces es El Estado en abstracto, es La Sociedad para otros, los Medios de Comunicación perversos, quienes aparentemente al margen de decisiones voluntariamente tomadas y asumidas y de procesos desencadenados por las prácticas de las personas, son responsables de que todo salga mal o de que alguna vez algo salga bien. Por suerte o por desgracia, las prácticas sociales y políticas son mucho más complejas. Es hora de que asumamos que en ellas hay intereses corporativos, conspirativos y ausencias colectivas. Pero también hay responsabilidades personales y comunitarias.

El aprendizaje en servicio ofrece oportunidades formativas sin igual para salir de los problemas de productividad de manera más enfática, consistente y persistente; para consolidar los afanes del sistema político por construirse democrático, para modificar los aspectos de esta cultura transitada por la anomia boba y por las interpretaciones conspirativas, para pasar a un equilibrio donde las diferentes personas, los diferentes grupos por supuesto con sus intereses –porque siempre van a existir y es legítimo que así sea– puedan asumir responsabilidades, preguntarse no sólo lo que el otro hace mal, sino qué es lo que uno hace mal, y qué es lo que cada uno puede hacer mejor.

Cecilia Braslavsky, especialista en educación.

Braslavsky, Cecilia. El servicio comunitario como instancia de aprendizaje y de enseñanza en el contexto de la transformación educativa argentina. En: Ministerio de Cultura y Educación de la Nación. Dirección de Investigación y Desarrollo Educativo. *Actas I Seminario*, cit. p. 19.

Cristina, una profesora, es otra persona significativa en la vida de la escuela, una persona "muy demandada, pero con placer". Lleva adelante junto con Griselda un proyecto sobre aprendizaje y convivencia. Las clases han terminado, pero la escuela sigue plena de actividad y ella está ocupada tratando de ubicar a varios chicos, aunque sea por unos días, en diferentes casas. Se trata de chicos golpeados que no tienen adónde ir. Hay un grupo de derechos humanos del que Cristina es uno de los impulsores más consecuentes, donde actúan abogados voluntarios. Están armando una red de docentes solidarios para recibir a esos chicos en casos de emergencia hasta que se los pueda derivar a alguna otra parte. Trabaja también con Patricia en muchas situaciones difíciles de chicos inmigrantes o "judicializados", procesados por la justicia.

Según cuenta, "cuando la escuela se puso en marcha en 1996, la convivencia era casi imposible. Hubo chicos argentinos que llegaron a cobrarles 'peaje' a los chicos bolivianos para transitar por el barrio o ir a la escuela. A su vez, todos suelen ser maltratados por la Policía. Se ha avanzado mucho y ya pueden comunicarse en el aula sin violencia, pero dialogar todavía es difícil".

Cristina, arquitecta, dicta Tecnología, una materia nueva. La materia tiene una dimensión crítica y afirmativa, aprenden a hacer cosas, como cerámica o tejido; ella es escéptica con respecto a la idea general de "progreso", que muchas veces no es tal para grupos que se ven excluidos o privados de su identidad.

Hay chicos inmigrantes que no tienen documentos e hizo falta una decisión especial para que pudieran concurrir a la escuela. Los que tienen documentos se enfrentan con los que no los tienen. "Hay mucho progreso en la convivencia, pero todavía todo lo que sea futuro tiene un resorte individual; en ese sentido la escuela debe pensar más."

No hace mucho, el presidente de la Nación visitó la escuela; estaba en campaña electoral y anunció el boleto estudiantil[7]. Todavía se mantiene en la memoria colectiva que un grupo de adolescentes fue torturado y muerto por reclamarlo durante el último gobierno militar. En el acto escolar habló una alumna de la escuela, inmigrante boliviana, quien le dijo al presidente que el boleto estudiantil no era el problema allí, con un discurso franco y duro. Según el director, el presidente escuchó lo que se le dijo, pero la gente de ceremonial de la presidencia estaba enojada. "Esperamos que no haya más sorpresas", le dijeron cuando la alumna terminó de hablar. Sin embargo, agrega Cristina, "la chica no habló de los problemas de los inmigrantes, no se refirió al problema real que tenía".

También, según Cristina, hay autoritarismo en los docentes; según ella ese es el terreno más inexplorado. Sin embargo, hay algunos espacios o vínculos que permiten cierto debate: "Con Eugenio –el director– nos queremos mucho y discutimos mucho también. A veces no estamos de acuerdo; hace dos años empezamos a discutir ese tema entre los docentes".

Para ella "ser docente aquí es un trabajo duro, es una opción. Hay que optar por vivir con menos plata, pero todas las luchas son así; no lo vivo con infelicidad". Relata que "ayer a las 12 de la noche todavía estábamos hablando con Eugenio; son esas construcciones humanas lo que más rescato. Trabajamos mucho sobre la disociación entre lo afectivo y lo académico. Eso me gusta, soy arquitecta, pero me gusta más construir conocimiento que construir casas".

Cuenta sobre un proyecto que existe en el barrio, el comedor "Niños felices". Cristina se ocupó de conocer la experiencia de las madres de ese comedor, que era preexistente a la escuela, y de poner en contacto con ellas a alumnas o madres que sufrían violencia.

---

7. El boleto estudiantil libera a los alumnos de escuelas estatales del pago del transporte público.

"Empezamos a hacer reuniones de madres que colaboran o asisten al comedor y apareció el problema de los padres golpeadores, se empezó a hablar del tema, que era al principio un tabú. Se organizaron 'escraches'[8] para denunciarlos, se hicieron debates sobre el tema; para ello se organizaron madres que hoy se conocen con el nombre de 'Las amazonas'[9]".

Describe también una línea de acción para ayudar a madres adolescentes, que reciben ayuda de la Maternidad Sardá, en lo que se involucró Ana María, la vicedirectora, y afirma que "poco a poco vamos perdiendo el miedo todos juntos y ganando la confianza de hacer algo en común hacia el interior de la comunidad. De eso se trata: de perder el miedo a partir de una actividad conjunta hacia el interior. El primer triunfo es lograr que se puedan escuchar, que puedan permanecer sentados, en estas actividades y dentro de las aulas".

Para Cristina el problema es "lo que no se construye (…) es la falta de espacio para charlar las cosas, aunque ahora estamos intentando preservar nuestro espacio de reunión semanal". Ese espacio se limita por ahora al grupo de Aprendizaje y Convivencia del que Cristina forma parte. El director agrega: "Ojalá pudiéramos tener reuniones semanales todo el equipo docente".

Los diferentes proyectos de la escuela conviven entre sí, "nos respetamos, pero podríamos compartir más; no nos pensamos como un campeonato, pero sería necesario generar un espacio más colectivo".

Raúl es profesor de Educación Física. Organizó el ateneo y campamentos. "Había que ver esto en 1996 cuando empezó. Los profesores se iban. La pregunta de los que

---

8. Para Eugenio, lo interesante es que estos *escraches* eran "verdaderos escándalos, un recurso propio del que no puede utilizar la violencia física" y se hicieron antes de que se difundieran como una metodología política militante.

9. Según otro entrevistado, no fue un nombre que se pusieron ellas mismas sino que se lo dio algún periodista y "medio en broma, medio en serio, empezamos a llamarlas así los conocidos y ya no pudieron sacárselo".

optábamos por quedarnos era '¿qué se puede hacer para generar contención?'. No hay que equivocarse, esta no es una comunidad fragmentada, es una comunidad en formación, con mucha movilidad: hay bolivianos, paraguayos, gente del interior y peruanos.

"Al principio esto era un incendio, era indispensable apagar el fuego. Allí ayudó el deporte, que es un gran mezclador. El fútbol, todo pasaba por el fútbol, aunque uno quisiera hacer otra cosa, pero se aprende a negociar. Aquí no podés imponer nada: o negociás o perdés."

Poco a poco fue posible empezar a lograr alguna retención, ya fuera de alumnos o de chicos del barrio. Ayudó el comedor, "aunque sea que vengan a comer, que empiecen a ir a Coopa[10] para aprender un oficio". En el marco del club, se armaron la subcomisión de deportes, la de arbitraje, el consejo de disciplina. Poco a poco se fueron integrando mujeres a las actividades.

Empezaron a bajar los niveles de agresión: "Los que afuera se agredían a puñaladas, aquí jugaban".

Raúl se fue seis meses como voluntario de las Naciones Unidas a Palestina y las actividades continuaron, "los pibes siguieron". Diversos proyectos, como el ateneo estudiantil, la escuela de fútbol, la de árbitros, de animadores sociales, se llevan a cabo con alumnos del Instituto de Educación Física "Enrique Romero Brest" que generan proyectos de investigación en el barrio y en la escuela; con la ayuda de los chicos pueden entrar a la villa, donde ninguna otra persona podría hacerlo sin riesgo. También forman auxiliares de animadores sociales.

"Hasta 2001 hubo en la escuela internas políticas que obstaculizaban el desarrollo, luego ganamos el premio Escuelas Solidarias, cuando aún había muchos docentes en

---

10. Cooperativa de Producción y Aprendizaje que está ubicada en la misma zona de la escuela.

la vereda de enfrente. Ahora muchos docentes se van incorporando al ateneo. Todo esto es algo por lo que no te pagan, cobrás igual, lo hagas o no; desgasta muchísimo, pero se convierte en una necesidad, si no lo hacés, lo extrañás. De lo que se hace, lo que más vale no es rentado. Es muy complejo ponerse de acuerdo".

La solidaridad desde la escuela

El desarrollo incesante de los proyectos de solidaridad originados en las escuelas tiene su motivación primera en la situación de excepcional crisis que estamos viviendo. Alumnos de las más diversas condiciones culturales, sociales y económicas encaran propuestas que no se limitan a hacer lo que suele ser corriente en estos casos, como reunir comestibles o ropa para quienes no tienen lo que necesitan.

[…] En situaciones como esta, los docentes se convierten en mediadores para obtener información y ayuda de entidades no gubernamentales o de dependencias oficiales, con lo cual el esquema clásico de enseñanza y aprendizaje toma rumbos novedosos. Puede ocurrir que aparezcan campañas que van mucho más allá de la clásica caridad y apuntan a objetivos más profundos, como mejorar sustancialmente la dieta en situaciones de crisis. Desarrollar las huertas comunitarias o escolares es, por ejemplo, un objetivo de especial importancia, pues en muchos sectores de la población se advierte la pérdida de hábitos y costumbres que en otras épocas fueron verdaderamente significativos para la alimentación general.

Todo esto va generando un sutil corrimiento en virtud del cual el currículo tradicional adquiere dimensiones distintas, saliendo de los marcos corrientes propios de materias escolares no siempre bien recibidas ni aceptadas para pasar a cuadros que exigen acción, pero también conocimiento. Se trata de una manera distinta de aprender. […] La solidaridad, encarada como un servicio pleno, es una forma moderna del currículo. No sería bueno considerarla como una asignatura, calificación que le quitaría mucho de lo que más la destaca. Las materias escolares —no siempre, por fortuna— pueden ser discursivas, académicas y desprendidas de lo que en la realidad está más vivo y más urge, como es el servicio hacia los otros.

Editorial del diario *La Nación*, Buenos Aires, 24 de julio de 2002 (fragmento).

97

Análisis del caso

Una organización que no es como en los mapas. A veces sucede que se quiere que las escuelas sean pensadas como empresas, lo cual es un disparate similar a pensar las familias como si fueran un museo o las fábricas como clubes de barrio. Lo que no puede dejar de hacerse es pensar escuelas, empresas, museos, fábricas y familias como organizaciones humanas.

Nuestro caso no se parece mucho al mapa mental que solemos manejar acerca de qué es y cómo funciona una escuela. En esto, se parece bastante a las empresas, a los museos y a las familias, porque ninguna de ellas se parece demasiado a nuestras representaciones estereotipadas. Estamos hablando de un terreno donde, a diferencia de las cartografías orográficas, por ejemplo, el mapa *sí es* el territorio. Nuestras creencias y representaciones de la realidad inciden fuertemente sobre ella.

Según algunos de los entrevistados, parte del problema de la escuela son los docentes que simplemente "cumplen", esto es que se limitan a hacer lo que las convenciones indican que un profesor haga, lo que puede incluir tomarse tantas licencias como se pueda o conseguir una transferencia a una escuela más "normal" lo más rápidamente posible. Quienes construyen la escuela son aquellos docentes capaces de generar respuestas que no están en los manuales y de crear, así, una nueva realidad.

Como veremos en los puntos que siguen, esta generación de respuestas es parte de una creación colectiva de conocimientos, redes e identidad.

Lo planeado y lo emergente. Muchas veces, quienes dirigen las organizaciones, como quienes las estudian teóricamente, se preguntan cómo funcionan para poder hacer lo que hacen. Las respuestas en muchos casos ponen el acento en el planeamiento y en los objetivos. Entonces estas son descritas como espacios donde se planifica lo que se quiere hacer, se seleccionan deliberadamente medios para lograr ciertos fines, para lo cual se maximizan los recursos, se dividen el trabajo y las decisiones, se otorgan rangos de autoridad, se definen los puestos de trabajo y se premia o se castiga de acuerdo con el cumplimiento de ciertas pautas. El problema con esta descripción es que eso no siempre sucede ni en las escuelas ni en las empresas. Es verdad que las intenciones y los objetivos son muy importantes en ambos tipos de organizaciones, pero también es cierto que muchas veces los actores encuentran muy difícil entender la relación entre sus acciones y sus consecuencias, y que muchas situaciones se resisten a encontrar caminos de solución racional a priori. En demasiados casos es necesario hacer cosas que no se sabe bien adónde conducen para comprender cuáles son las posibilidades e ir encontrando cursos de acción.

El problema de esta escuela no sería uno de los que se encuentre frecuentemente en los manuales de organización escolar ni en las regulaciones gubernamentales para el funcionamiento de las escuelas.

Sus actores están llevando adelante su acción en una comunidad en formación, donde los protagonistas son en gran medida personas separadas de su contexto, inmigrantes, marginados o indigentes. No pueden lograr diálogo y comunicación dentro del aula, "conseguir que se escuchen", porque ese espacio no existe afuera, donde la violencia es una forma habitual de relación y de resolución de conflictos.

Algunas iniciativas tienden a generar espacios de convivencia posible afuera, en los bordes de la institución, tales como hacer huertas con alumnos (o ex alumnos) procesados por la justicia, organizar grupos de ayuda para madres adolescentes, encontrar refugio para chicos maltratados o amedrentar a maridos golpeadores. Otras se orientan a generar instituciones escolares fuera del aula pero dentro de la escuela, como el ámbito deportivo, los talleres y las actividades de los sábados. También están quienes, como la profesora de Historia, logran utilizar el espacio del aula para generar hechos capaces de construir identidad.

Son tres caminos diferentes, no planeados por la dirección, pero que encontraron líderes capaces de construir, cada uno de ellos, una historia diferente pero con sentido (los derechos humanos, el deporte como "mezclador" social y la acción educativa sistemática) y encarnarla. Es posible que cada uno de esos líderes estuviera dando respuesta a una situación, pero también es cierto que muy probablemente cada uno de ellos creyera en esas cosas antes de conocer la escuela y que haya leído en esa realidad los elementos que confirmaban su teoría. En algún sentido, cada uno de ellos encarnaba una *solución en busca de problemas* o confirmaba la idea de Weick (1979), de que no solamente es necesario *ver para creer* sino que también es necesario *creer para ver*.

Construcción de capacidades colectivas. Muy pocas de las cosas que la escuela hace las puede hacer una sola persona, aunque cada una de ellas requiera al menos alguien que se haga cargo. Es indispensable que alguien perciba un quiebre en una realidad que para otros fluye. Alguien tiene que darse cuenta de que se debe hacer algo por las adolescentes que quedan embarazadas, por ejemplo. Aunque sea obvio, suele pasar inadvertido, aun para el sujeto mismo, que esa percepción de lo que "está mal" no es algo que haya pasado nunca por los sentidos, sino una construcción mental que implica seleccionar un aspecto de la realidad, declararlo existente y juzgarlo. Alguien debe hacerlo, lo que no siempre ocurre; hay muchos lugares donde nadie hace nada por ese problema que se sigue percibiendo como un "desliz" individual y no como una cuestión social, algo que les pasa a *ellos* ("¿ves cómo son?") y que, por lo tanto, es ajeno. Pero, además de que alguien se haga cargo, es necesario que otras personas coincidan en que se está frente a algo que requiere acción. Qué es exactamente ese "algo" (una cuestión individual, familiar, social, médica, religiosa, técnica o lo que fuere) probablemente no se sepa hasta tanto no se comience a actuar y, entonces, el propio grupo lo defina. Es necesaria la acción para reunir voluntades y perspectivas y es necesario reunir voluntades y perspectivas para actuar. Así, entender, comprender, hacer redes y actuar son un mismo proceso. No se trata de un conocimiento que se aplica a una situación, sino algo bien distinto: declarar una situación, actuar, organizar y comprender en un proceso interactivo. El resultado de ese proceso es conocimiento para la acción, una forma de comprender situada en una realidad y capaz de probar o falsar sus supuestos en la acción. Un conocimiento que permite que un colectivo –la red que se ha formado–, haga cosas que ninguno de sus miembros podía hacer individualmente, y que cada uno de ellos sepa cosas que ninguno sabía antes de empezar a actuar. Lo que se ha generado es una capacidad colectiva, y ahora la escuela puede hacer algo que antes no podía: "Poco a poco vamos perdiendo el miedo todos juntos y ganando la confianza de hacer algo en común hacia el interior de la comunidad. De eso se trata: de perder el miedo a partir de una actividad conjunta".

Más allá de la diversidad, de sus maneras de relacionarse o de aspectos de la realidad que atendía o ignoraba cada uno, para sobrevivir como grupo fue necesario que dentro de esa pluralidad de miradas resultaran capaces de construir un "nosotros" que pudiera hacer algo a partir de la situación inicial, donde "cada uno de los cuales percibía al otro como un poco sospechoso".

Además de los diferentes grupos, de las *soluciones en busca de problemas* y de la mirada suspicaz hacia los otros, da la impresión de que en algún momento y de alguna manera, aunque sea precariamente, fue posible tender puentes que pudieran generar cierta transparencia para funcionar juntos. Se creó, con todas las dificultades y contradicciones, una comunidad capaz de respetarse, vivir y dejar vivir (aunque haya quienes pidan licencia cada vez que puedan). También parecen haberse generado acuerdos mínimos sobre lo que no era tolerable (la prepotencia o discriminación por parte de un docente) y lo que sí podía ser aceptado con tal de que estuvieran dadas otras cosas (las impuntualidades que el director admite y probablemente de otros). Estos elementos homogenizadores, que definen un nosotros, recortan la escuela y la hacen distinguible de otras; son conocimientos, identidad y significados que actúan como nodos articuladores de redes.

Lo que el colectivo ha aprendido al constituirse como tal es el recurso básico de la enseñanza. La generación de nuevas capacidades colectivas es, en sí misma, un conocimiento que habilita *interacciones progresivas* capaces de incidir sobre los diferentes espacios organizativos: "Cuando la escuela se puso en marcha en 1996 la convivencia era casi imposible… se ha avanzado mucho, ya pueden comunicarse en el aula sin violencia, pero dialogar todavía es difícil".

En ese proceso, no hay solamente gente que enseña y gente que aprende. Todos aprenden algo y todos enseñan algo desde sus diferentes roles.

"Había que ver esto en 1996 cuando empezó. Los profesores se iban. La pregunta de los que optábamos por quedarnos era: ¿qué se puede hacer para generar contención? No hay que equivocarse, esta no es una comunidad fragmentada, es una comunidad en formación, con mucha movilidad… al principio era un incendio, era indispensable apagar el fuego… aquí no podés imponer nada, o negociás o perdés."

Los conocimientos explícitos que se enseñan en el aula a las nuevas generaciones tienen como soporte los conocimientos tácitos que las diferentes redes constitutivas de la escuela van construyendo en su accionar. Para que los jóvenes aprendan es necesaria una comunidad de enseñanza capaz de aprender. El conocimiento explícito sigue programas de enseñanza, pero el conocimiento tácito también tiene su agenda: "Hay mucho progreso en la convivencia, pero todavía todo lo que sea futuro tiene un resorte individual; en ese sentido la escuela debe pensar más".

El liderazgo en una organización que no tiene objetivos. Supongamos que usted es supervisor de esta escuela: presencia una clase y descubre que los alumnos no saben muchas cosas que deberían saber. Cuando lo comenta con el director, este le señala que el docente, que solía faltar mucho, ahora asiste regularmente y que los alumnos, "los que afuera se agredían a puñaladas", ahora se escuchan y discuten. ¿Aceptaría usted esta respuesta como un criterio de "éxito" en la gestión educativa?

La respuesta no es simple: aceptar que es legítimo que grupos marginados accedan a menos contenidos escolares que otros y, consecuentemente, a menos posibilidades de desempeño en la vida, cuestiona el lugar mismo de la escuela en una democracia, que es dar poder a través del conocimiento. Para decirlo con mucha dureza, el argumento no es muy distinto del que usaban los partidarios del *apartheid* en Sudáfrica.

Sin embargo, también es cierto que insistir con *La Celestina* o el *Cantar de mio Cid* en un grupo que no puede constituirse como tal, porque carece de la posibilidad mínima de escuchar o discutir argumentos, puede ser un mero ejercicio ritual que acentúa los problemas en vez de resolverlos.

El intento de lograr una respuesta simple a un problema complejo puede ocasionar que se pierda la pista de qué hacer en cada caso, cuánto, en qué medida y cómo. En esta escuela, como en casi todas las organizaciones, los criterios de éxito no son unívocos y tienen mucho que ver con quién evalúe y para qué lo haga.

Aquí surge una pregunta interesante: ¿cómo liderar en una organización donde no está claro cuáles son los problemas que se deben resolver y a qué se puede llamar "una solución exitosa"?

Da la impresión de que la fuerza de esta escuela proviene del compromiso de algunos docentes y voluntarios en la gestión de iniciativas. Cada una de esas iniciativas tiene su propia visión de las cosas; por lo tanto, el carácter de los problemas que se encaren estará relacionado con qué grupo lo tome a su cargo. Así, un mismo problema puede ser técnico-pedagógico, social y deportivo, o de derechos humanos, según quién sea su abanderado.

El liderazgo del director parece tener mucho que ver con dejar hacer a quienes tomen la iniciativa y "traducir" la visión del problema en términos compatibles con los otros grupos. En términos más técnicos, tender puentes entre diferentes comunidades de práctica.

Eugenio dice, refiriéndose a su gestión, que "es una escuela grande, con muchos profesores que van y vienen. Es interesante ver lo difícil que es lograr consensos y hacerlos efectivos. Yo como director, no sé, trabajo empíricamente…, a veces dan más trabajo los grandes que los chicos", para caracterizarse luego como un buen "lanzador" de iniciativas pero no tan bueno en su seguimiento. No sabemos si esa visión que Eugenio tiene de sí mismo se compadece con la realidad o no, pero si así fuera, tendría sentido. Probablemente carezca de poder real para hacer que la gente cumpla con lo más importante que se genera en la escuela, es decir, las iniciativas voluntarias. Tal vez su tarea pueda limitarse a mantener persistentemente algunas pautas de funcionamiento que le resultan clave y que el resto sea una compleja labor de arbitraje, donde "los adultos dan más trabajo que los chicos", para permitir que la mayor cantidad de grupos pueda hacer lo menos conflictivamente posible lo que ellos creen que es correcto.

Ideas centrales

Anarquías organizadas. Kart Weick comienza su trabajo seminal sobre organizaciones educativas como sistemas de ajuste flojo, con este comentario personal que le hiciera James March:

> *Imagine que usted sea el referí, el entrenador, un jugador o un espectador de un partido de fútbol no convencional: el campo de juego es redondo, hay varios arcos distribuidos azarosamente en el campo circular; los jugadores pueden entrar o abandonar el juego en el momento en que quieran, pueden lanzar pelotazos adentro de la cancha cuando se les antoje, pueden decir este es mi arco cuando quieran, cuantas veces quieran y para tantos arcos como se les ocurra; todo el juego transcurre en un campo inclinado; y se desarrolla como si tuviera sentido".* (March, comunicación personal, citado en Weick, 1976).

Weick propone sustituir en el ejemplo árbitros por directores, entrenadores por docentes, jugadores por alumnos, espectadores por padres y el fútbol por la escuela, para obtener una descripción igualmente no convencional de la escuela como organización. Y agrega: "La belleza de esta descripción es que captura un conjunto de realidades diferentes dentro de las instituciones educativas que se logra ver cuando se las observa desde los supuestos de la teoría burocrática".

En las organizaciones, la idea de "ajuste" es importante porque se parte del supuesto de que lo que cada uno hace es en respuesta o en conexión directa con algún otro, algo así como el engrudo que mantiene ligada a la organización. Hablar de organizaciones de "ajuste flojo" es describir un tipo de organización más sujeta a la no permanencia, más cerca de la disolución, donde lo que cada uno hace no se refiere necesariamente a lo que hace algún otro. Si pensamos en la relación entre un sargento y la gente de su pelotón, podemos pensar en una organización de ajuste rígido, pero no es lo mismo si pensamos en la relación entre un cirujano y el director del hospital. En este último caso, las acciones del director pueden afectar lo que el cirujano haga, pero lo hará más tardíamente y en una forma mucho menos previsible.

Una escuela, en este sentido, se parece mucho más a un hospital que a un pelotón. Es posible reconocer una organización de ajuste flojo cuando los elementos se afectan en forma brusca más que continua, ocasionalmente más que de modo constante, indirectamente más que directamente y como consecuencia final, más que inmediatamente (Weick et al., 1990).

James March y sus colaboradores (Cohen, March y Olsen, 1972) describieron estas formas organizativas y las llamaron, sugestivamente, "anarquías organizadas". Estas no son una "patología" organizativa, como podría pensarse desde la poco elaborada visión de la teoría burocrática de Weber que suelen manejar los manuales de administración, sino una posibilidad organizativa frecuente y reconocible en distintos tipos de organizaciones, sobre todo en aquellas que trabajan con conocimientos.

Los sistemas de ajuste flojo muestran poco mando y obediencia y poco control desde patrones tradicionales. Sin embargo, tienen ventajas reconocibles:

1. dan espacio para la persistencia de algunos individuos en proyectos que no hubieran tenido consenso o autorización en otros esquemas;
2. permiten una variedad de percepciones y valoraciones mucho más rica que los contextos uniformes y coherentes;

3. por su gran diversidad y baja uniformidad, permiten mayor adaptación a circunstancias cambiantes;
4. brindan más espacios de libertad y autodeterminación, y
5. la baja coordinación de gente y acciones hace que un sistema excepcionalmente complejo sea relativamente barato en su operación.

Si volvemos a mirar el caso de nuestra escuela desde este punto de vista, veremos que la diversidad de iniciativas presente probablemente no se hubiese logrado ni sostenido en el tiempo desde un sistema más racional y vertical de organización.

El conocimiento como producto organizativo

La escuela como institución fue creada para atender familias en un mundo más quieto, mayormente rural y con pocas opciones: se trataba de servir a las redes sociales ya existentes. En este caso, aparece reconocida en muchos proyectos la necesidad de recrear esas redes interpersonales, ahora dañadas o destruidas, o de generar otras nuevas. La escuela se convierte en un centro de referencia comunitario, donde se construye identidad, sentido y conocimiento. ¿Es posible que un conocimiento así construido no sea puramente inerte, sino operable para modificar la vida? Este caso pareciera sugerirnos que, al menos en parte, sí y, sobre todo, que nuestras sociedades no son caóticas porque tengan muchas voces, sino porque carecen de instituciones capaces de escucharlas (Gore, 2003).

El conocimiento organizativo de la escuela no está en sus materias, sino en el sistema de vínculos. Aunque enseñe conocimiento disciplinar, la escuela se asienta, como toda organización, en conocimientos colectivos y tácitos

(Gore y Dunlap, 1988; Nonaka y Takeuchi, 1995). Cuando no se puede cuestionar, tampoco se puede reflexionar sobre la práctica y entonces cualquier teoría nueva, por valiosa que sea, se convierte en una mera repetición de palabras, imposible de integrar al quehacer cotidiano (Wenger, 1998).

El conocimiento es más un producto que un insumo del grupo. Cuando hay dificultad para construir relaciones de confianza, esta se evidencia en el trance de criticar la tarea conjunta, luego en la de construir conocimiento colectivo. Las rutinas defensivas reemplazan al aprendizaje y los clichés –conocimientos empaquetados–, a la reflexión sobre la acción.

En tanto la calidad del conocimiento organizativo suele fluctuar con la calidad de las relaciones, no hay ninguna teoría que pueda reemplazar a ese proceso de construcción de conocimiento propio de cada comunidad de práctica. La oportunidad de constituir una escuela con pocas restricciones parece haber sido buena para replantear los fundamentos de un quehacer que por lo general tiende a reproducirse a sí mismo, pero aprovechar esa oportunidad exigió a los jugadores aprender a aprender en nuevos contextos. Por eso las buenas escuelas no se inventan en el escritorio de una oficina central: las inventan los constructores de buenas escuelas.

Las instituciones educativas deben ser capaces de dar conocimiento, que es dar poder a la gente, para eso están. Por eso son la base de un sistema democrático. Dar conocimiento requiere dar información, pero la información no es conocimiento (von Krogh, 1998). La información puede ser inerte, frágil, memorística. El conocimiento es siempre operable, debe poder usarse en situaciones distintas de aquellas en las cuales ha sido adquirido. Eso implica una capacidad para leer contextos, donde reside la sensibilidad sobre cuándo usarlo y la inclinación a hacerlo (Salomon y Perkins, 1998).

La escuela como institución enseña más allá de lo que sus maestros dicen. Si los maestros mismos están acostumbrados a obedecer a sus jefes más que a las comunidades a las que deben servir, a escindir sus sentimientos de lo que hacen, a moverse dentro de esquemas de relación prefijados e indiscutibles, será difícil que puedan concebir nuevos modos de trabajo, diferentes formas de relación, aunque tengan las puertas abiertas para hacerlo (Gore, 1996). Los cursos de perfeccionamiento docente suelen incorporar palabras para repetir, en tanto las formas de relación no se modifican. Un aprendizaje real es siempre un cambio en la manera de relacionarse con la gente, con las ideas y con las cosas.

Cuando esas formas de relación están muy estereotipadas, no se cambian las ideas, sino apenas las palabras que se deben repetir. Sigue habiendo cosas de las que no se puede hablar, formas de relación que no se pueden cuestionar, decisiones posibles que ni siquiera pueden ser planteadas. No hay cambios verdaderos en las ideas cuando no hay cambios en las reglas de juego (Argyris, 1999). Por eso, el conflicto permanente en el que vive la escuela de nuestro caso no es su enfermedad, es el síntoma de su salud.

¿Qué se puede hacer?

"Me gusta más construir conocimiento que construir casas", decía Cristina, la profesora que era arquitecta. ¿Cómo ayudar a construir conocimiento en una organización de ajuste flojo?

Sin duda no se trata de dar órdenes, porque eso supone que hay alguien, como el don Enzo del primer capítulo, que sabe qué hay que hacer. No es que en este tipo de organizaciones el liderazgo no lo sepa, es que su conocimiento es de otro nivel. Un líder en una organización de este tipo podría decir: "Yo sé qué hay que hacer: hay que crear una dinámica de relación que permita que los diferentes grupos, las distintas comunidades de práctica –de las que hemos hablado en otros capítulos–, puedan construir conocimiento sobre lo que hay que hacer y cómo hacerlo".

Esta mirada hace a la construcción más íntima y más cotidiana del conocimiento y a la calidad de los intercambios entre las personas que deben hacer una tarea juntas.

A diferencia de la información, el conocimiento que se utiliza en las organizaciones suele ser *tácito* y *colectivo* (en tanto abarca redes y vínculos), y es percibido por los jugadores como *significativo* en un cierto contexto.

Es *tácito* porque suele ser no verbalizado, cada uno sabe cosas que no sabe que sabe y cree cosas que no cree creer. Gran parte del proceso de construcción de conocimiento en organizaciones tiene que ver con ayudar a la gente a saber lo que sabe, tanto para que pueda transferirlo, como para que pueda cuestionarlo.

Es *colectivo* porque el conocimiento siempre incluye a otros, tiene que ver con vínculos. La gente, al hacer cualquier tipo de tarea, forma sus redes, que necesariamente construyen conocimiento y sentido a partir de la experiencia.

El problema se da cuando estas redes deben coordinarse con otras que han desarrollado un proceso similar pero de manera divergente, y lo que es *significativo* para unos no lo es para otros. Por ejemplo: la fiesta de milanesas a la napolitana que atrae a alumnos que dejaron la escuela puede ser central, o al menos importante, para la dirección y algunas de las redes que intentan mejorar las pautas de convivencia en la comunidad y, al mismo tiempo, una pesadilla para la gente del comedor o para otros docentes que necesitan un ámbito más ordenado para trabajar.

Gestionar el conocimiento en una organización requiere capturar y redistribuir información, pero no se limita a ello. Esa información debe ser incorporada por individuos capaces de modificar sus mapas de la realidad y sus convicciones, y de coordinar sus acciones con otros, sobre la base de revisar el significado de ciertas cosas en función de la perspectiva de otros, con el objeto de poder actuar juntos.

A partir de esta negociación, las redes organizativas generan conocimiento cuando se vuelven capaces de hacer cosas que antes no podían. Cuando esa negociación de significados no puede darse, cada grupo sigue "naturalmente" con lo suyo –como ocurría en el caso mientras la profesora de Historia armaba el acto del 12 de octubre[11]–, sin encontrar demasiado sentido a lo que haga el otro.

La existencia de diferentes grupos, aun relativamente estancos, puede ser un problema, pero también puede ser parte de la solución. La gente no construye conocimiento en abstracto, sino en la inserción entre aquellos a quienes cada uno llama "nosotros" y que constituyen su *comunidad de práctica* (Wenger, 1998; Vázquez Mazzini y Gore, 2002).

La tarea de construir conocimiento tiene que ver, por una parte, con fortalecer cada una de las comunidades de práctica y cultivar la generación de otras nuevas y, por otra, con tender puentes entre las diferentes comunidades.

Cada comunidad de práctica es un conjunto de personas que habla de sí misma como "nosotros" porque comparte un proyecto común, una identidad dada por la pertenencia a la comunidad y un cierto repertorio de preguntas y respuestas frente a los problemas.

Con esta perspectiva, la organización no es una máquina con forma de pirámide que se mueve por relaciones de mando y obediencia, como nos suele resultar cómodo creer. Todos sabemos que en las organizaciones las personas no hacen lo que sus jefes dicen que hagan, sino más bien lo que sus jefes hacen. Los motores de la acción no están en la obediencia, sino en el significado; la gente hace aquello a lo que

---

11. Día en el que se recuerda la llegada de Cristobal Colón a América.

le encuentra *sentido*. El sentido se construye con los *otros significativos*. Por eso Wenger considera a la organización como una "constelación de comunidades de práctica", un conjunto de redes interpersonales productoras de sentido y generadoras de conocimiento. Cada una de las comunidades que integra la constelación elabora una cosmovisión particular que permite a sus miembros interpretar los hechos, las relaciones, las acciones propias y de otros. Este carácter *localizado* e idiosincrásico del sentido explica por qué lo que para una comunidad es racional puede resultar absurdo para otras; lo prioritario para unas puede no serlo para todas. Inevitablemente, la visión de una comunidad es parcial, sesgada, parroquial, insular. Así, todo grupo con un sistema de creencias propio (los docentes radicalizados, la dirección, los profesores que trabajan desde su materia, la gente que organiza actividades extraprogramáticas, el personal del comedor, el grupo de la huerta escolar, etc.) es una isla con racionalidad limitada que produce sentido y conocimiento a través de la interacción entre quienes tienen contacto más o menos cercano.

La posibilidad de supervivencia de una organización está dada por su capacidad para diseñarse a sí misma como un *sistema social de aprendizaje*, lo que requiere considerar no solamente cada una de las comunidades de práctica, sino también las relaciones que estas mantienen entre sí, para poder participar en sistemas de aprendizaje más amplios que se prolongan más allá de los bordes de la organización (abarcando a la escuela, la comunidad, los alumnos del instituto "Romero Brest", la Coopa, la Maternidad Sardá, Alcohólicos Anónimos y tantos otros). Este autodiseño de la organización se estructura en torno a dos elementos: el fortalecimiento de las comunidades de práctica y el fortalecimiento de los puentes entre comunidades de práctica que les permiten negociar significados, encontrar transparencia en las prácticas ajenas y coordinar acciones entre sí.

La comunidad de práctica no es una institución corporativa, sino una forma humana de asegurar conocimiento y supervivencia, que en nuestra especie son la misma cosa. Es posible cultivar, alentar, promover la formación de estas comunidades, pero no es posible decidirlas, implantarlas o instalarlas[12] (Wenger, 2002).

Por lo tanto, al centrar el foco en este tipo de agrupamiento, estamos reconociendo que en las organizaciones existen formaciones sociales con una dinámica propia, que puede ser congruente o no con la estructura formal.

Fortaleciendo las comunidades de práctica y creando puentes entre ellas

Así como en nuestro caso el grupo de Aprendizaje y Convivencia tiene sus reuniones semanales que los ayuda a reflexionar sobre el emprendimiento compartido, el grado de compromiso mutuo y el repertorio de recursos disponibles, otros grupos podrían comenzar a tener sesiones similares o de resolución de problemas o de planeamiento, o bien encuentros informales que refuercen los vínculos. También podría reforzarse la coordinación interna a través del intercambio de ideas, de la construcción de redes de ayuda, de la conducción de la innovación o de la articulación de tareas.

En tanto cada una de las comunidades va tomando una identidad, empieza a hacerse claro que para que se reproduzca y aprenda es preciso incorporar nuevos miembros. Los recién llegados se incorporan progresivamente participando en actividades periféricas –con riesgo acotado para ellos

---

12. Aunque la comunidad de práctica suele tener cierta relación con el diseño de la organización, sus pautas y su cultura, no suele ser reductible a ella. Más aún, las comunidades de práctica, en organizaciones muy fragmentadas, pueden y suelen producir información, sentido, vínculos y creencias que van exactamente en contra de los objetivos generales de la organización.

y para la comunidad–, pero a la vez legítimas y relevantes para la práctica comunitaria. Los miembros más antiguos aprenden también en estos intercambios: el hacerse cargo de la incorporación de los recién llegados les permite reflexionar sobre su experiencia, y a la vez toman contacto con perspectivas nuevas y diferentes.

En el caso señalamos que, así como cada materia tiene su programa, cada comunidad tiene su agenda de aprendizaje, como cuando la profesora decía "hay mucho progreso en la convivencia, pero todavía todo lo que sea futuro tiene un resorte individual, en ese sentido la escuela debe pensar más".

Es preciso que cada comunidad se haga responsable por su agenda. En escuelas muy articuladas, no suele estar previsto el tiempo para estas cosas, porque se sigue pensando en el conocimiento como algo que viene solamente de afuera y que se usa para "vacunar" a los alumnos, como comentábamos en otro capítulo. La relativa irregularidad de la escuela del ejemplo, que en otros aspectos puede ser una restricción muy severa, en este sentido le abre posibilidades de hacer variaciones que en otros contextos resultarían mucho más difíciles.

La noción de "comunidad de práctica" sugiere una idea de "frontera", con un *afuera* y un *adentro*. A la vez, también remite a la noción de "puente": cada comunidad de práctica mantiene conexiones con otros sujetos colectivos.

Hemos visto en el caso cómo, para Cristina, el problema es "lo que no se construye, la falta de espacio para charlar las cosas…" y cómo, al referirse a la reunión semanal del grupo Aprendizaje y Convivencia, que ella integra, el director agregó: "Ojalá pudiéramos tener reuniones semanales todo el equipo docente".

Las reuniones entre grupos con miradas, experiencias y voces distintas son importantes porque todos ellos, aunque operen y piensen desde su propia isla, trabajan sobre una misma realidad y son, aunque a veces no lo perciban fácilmente, interdependientes.

En todas las organizaciones existe esta tensión entre lo insular y la acción conjunta. Sin embargo esa tensión puede ser una fuente de aprendizaje, incluso podría decirse que mientras la tensión entre los grupos de pertenencia y la acción coordinada exista, la organización vive, y que, cuando esa tensión se resuelve unilateralmente a favor de una u otra posibilidad, la organización ha matado su capacidad creativa.

De alguna manera, es esa tensión la que expresa Cristina cuando habla sobre cómo los diferentes proyectos de la escuela conviven entre sí: "Nos respetamos, pero podríamos compartir más; no nos pensamos como un campeonato, pero sería necesario generar un espacio más colectivo".

Cuando el aislamiento es "lo que no se construye", el contacto entre distintas comunidades de práctica permite enfrentar la obviedad de una mirada con posibilidades diferentes e impensadas de las otras, contrarrestar el riesgo del pensamiento grupal atrapado en los límites de la comunidad y encarar el desafío de construir un lenguaje común para lograr intercambios significativos entre comunidades.

Los intercambios significativos entre comunidades son facilitados por factores diversos: a veces son individuos, otras veces son objetos, y en muchos casos son experiencias rutinarias o eventuales de participación.

Por su parte, los individuos que la mayor parte de las veces informalmente facilitan el contacto entre las diferentes islas de conocimiento, están en los bordes de dos o más comunidades y actúan como enlace, referente o amigable componedor entre ellas en caso de conflicto o frente a la posibilidad de realizar acciones conjuntas.

Algo más complejo es percibir los objetos que permiten coordinar tareas conjuntas. Es claro que ese es el sentido de un mural con información, de una circular o de cualquier otra forma de comunicación más compleja, como podría serlo un foro en Internet o un sistema de intercambio digital. Las herramientas de gestión, como la planificación institucional, los cronogramas o los presupuestos, cumplen esa misma función: ayudar a que diversas islas puedan coordinar sus acciones entre sí. Para entender el concepto, el ejemplo más simple tal vez sea un reloj en la pared, que ayuda a que cada uno coordine su conducta con los demás sin ningún otro mensaje explícito. Es, sin embargo, un tema aparte cuánta experiencia social y cuántos supuestos incorporados son necesarios para usar una herramienta de este tipo, aun un simple reloj de pared. Lo mismo sucede con otros objetos más complejos, desde un presupuesto hasta una planificación institucional que ayudan a coordinar comunidades. Existe una tendencia a creer que los objetos "hacen" algo. Hay mucho de magia en esa idea. El objeto ayuda, pero muchos supuestos compartidos son necesarios para que pueda hacerlo. Cuando un objeto articulador –las planificaciones institucionales son el caso más típico en las escuelas, y las estrategias en las empresas– es introducido sin el suficiente trabajo de integración previo, su destino es un cajón donde permanecer guardado hasta que se olvide.

Finalmente, si bien suelen existir, muchas veces es necesario crear espacios organizativos, algunos de ellos rutinarios y otros eventuales, que permitan que diferentes islas puedan encontrarse y, generalmente con mucho esfuerzo y persistencia, sean capaces de hallar transparencia en las prácticas y criterios de los otros grupos para coordinar acciones.

Si se leen estas posibilidades de acción con cuidado, pensando qué puede hacer el director para fortalecer las comunidades de práctica o tender puentes entre ellas, se notará que, en contextos muy distintos, se trata de la misma lógica y el mismo tipo de acciones que veremos en el capítulo 6 en referencia a la Red Nuevo Milenio. No se trata de que una escuela se gestione como una empresa petrolera o que una empresa sea administrada como una escuela, sino de una lógica estructural similar. Se trata de situaciones donde es posible encontrar una forma común detrás de formas diferentes, lo que Gregory Bateson (1972) llamaba una "transforma". Hay distintos grupos que ven una realidad compleja desde una mirada insular, sesgada, limitada a su propia experiencia. En ambos casos, la mirada de cada uno de los grupos debe ser fortalecida porque esa pluralidad de voces es la diversidad de la organización. Al mismo tiempo, es necesario tender puentes para que se puedan generar nuevos grupos, así como articular el trabajo de grupos diferentes.

Bibliografía

Argyris, C.: *Conocimiento para la acción*. Granica, Buenos Aires, 1999.

Bateson, G.: *Steps to an Ecology of Mind*. Ballantine Books, New York, 1972. Edición en castellano: *Pasos hacia una ecología de la mente*. Lohle-Lumen, Buenos Aires, 1998.

Cohen, M. D., March, J. G. y Olsen, J. P.: "A garbage can model of organizational choice". En *Administrative Science Quarterly*. Vol. 17, N° 1, 1972, p. 1-25.

Gore, E. y Dunlap, D.: *Aprendizaje y organización. Una lectura educativa de teorías de la organización*. Granica, Buenos Aires, 2006.

Gore, E.: "El papel de las escuelas en la construcción de la sociedad civil". En *Pensar Iberoamérica, Revista de Cultura*, Organización de Estados Iberoamericanos, Número 3, febrero-mayo 2003. Editor invitado Thomas Lowy en www.campus-oei.es.

———— *La educación en la empresa. Aprendiendo en contextos organizativos*. Granica, Buenos Aires, 1996.

Nonaka, I. y Takeuchi, H.: *The Knowledge Creating Company*. Oxford University Press, Oxford, 1995.

Orton, D. J. y Weick, K. E.: "Loosely Coupled Systems: A Reconceptualization". En *Administrative Science Quarterly*, Vol. 21, 1990, p. 203-223.

Salomon, G. y Perkins, D.: "Individual and social aspects of learning". En *Review of Research in Education*, Vol. 3, 1998.

Vázquez Mazzini, M. y Gore, E.: "Aprendizaje colectivo y capacitación laboral", ponencia en el XIII Congreso de Capacitación de ADCA,

Asociación de Desarrollo y Capacitación de la Argentina, Buenos Aires, 2002.

Von Krogh, G.: "Care in knowledge creation". En *California Management Review*, 40-3, Berkley, 1998, p. 133-153.

Weick, K. E.: *The Social Psychology of Organizing*. Random House, New York, segunda edición, 1979. Versión en castellano: *Psicología social del proceso de organización*. Fondo Educativo, México, 1982.

———— "Educational Organizations as Loosely Coupled Systems". En *Administrative Science Quarterly*, Vol. 21, 1976, p. 1-16.

Wenger, E., Mc Dermott, R. y Snyder, W.: *Cultivating communities of practice: a guide to managing knowledge*. Harvard School Business Press, Boston, 2002.

Wenger, E.: *Communities of Practice*. Cambridge University Press, New York, 1998. Versión en castellano: *Comunidades de práctica, aprendizaje, significado e identidad*. Paidós, Barcelona, 2001.

CAPÍTULO 5

BANCO CIUDAD DEL SOL: LA PREPARACIÓN PARA LA TAREA[1]

El tema aquí es el modo de aprovechar los beneficios de dos ámbitos de capacitación (el aula y el puesto de trabajo), diferentes en cuanto a características físicas, reglas y actividades para preparar nuevos empleados.

Mucho de lo que aprendemos en las organizaciones es simplemente una consecuencia del día a día que compartimos con otros. La organización enseña, de una manera cotidiana y no planificada. No obstante, en casos como el ingreso de nuevos empleados, se hace necesario promover determinados aprendizajes en forma deliberada a fin de que en poco tiempo los individuos estén en condiciones de cumplir objetivos de desempeño. En el programa de formación que analizaremos, los ingresantes se preparan para la tarea en el puesto de trabajo, en contacto directo con los desafíos de la gestión, y en el aula, reflexionando sobre la experiencia e intercambiando conocimientos con expertos y pares. En línea con la noción de "aprendizaje como desempeño", aula y puesto se potencian a fin de desarrollar los distintos modos de hacer y pensar que la función requiere.

---

1. Agradecemos a la Lic. Alejandra Ondarts, quien llevó adelante el programa que aquí describimos, por permitirnos aprovechar su experiencia.

El caso

A fines de la década de 1990, los accionistas europeos del Banco Ciudad del Sol comunicaron al Comité de Directores que operaba en Buenos Aires su decisión de ampliar la red de sucursales en un 60% durante los siguientes doce meses. Atraídos por el rápido crecimiento del negocio bancario en la Argentina, preveían abrir quince locales nuevos en ciudades económicamente activas en las que el banco no hubiese tenido presencia hasta ese momento.

Este ambicioso plan de aperturas les planteaba a las diferentes gerencias el desafío de crecer afianzando una determinada manera de trabajar, y a la vez atender a la diversidad de situaciones propias de regiones distintas. No todos los clientes eran iguales ni podían ser atendidos del mismo modo. El Banco Ciudad del Sol se había destacado hasta el momento por su capacidad para "estar cerca del cliente, intuirlo, conquistarlo y retenerlo"[2]. Esta ventaja competitiva era posible merced a la flexibilidad de los procesos y al conocimiento del terreno con que contaban los gerentes de sucursal. Pero ahora, con quince nuevos locales, se hacía indispensable fijar parámetros más estrictos para que la dispersión no se tornara inmanejable. Las gerencias centralizadoras ubicadas en Buenos Aires no podían administrar productos, softwares ni circuitos operativos diferentes para cada una de las sucursales; era preciso encontrar un equilibrio entre un conjunto de elementos característicos del Banco Ciudad del Sol –que permitieran reconocer al banco en todo el país y diferenciarlo de otros– y la coexistencia de estilos locales, particulares e idiosincrásicos.

Como modo de dar lugar a las particularidades regionales sin fragmentar la identidad corporativa, Recursos

---

2. Las expresiones en bastardilla y entre comillas son citas textuales de individuos que participaron del programa de formación.

Humanos propuso constituir la dotación de las sucursales nuevas con un 50% de empleados con cierta antigüedad en el banco y un 50% de ingresantes reclutados en la zona en la que operaría la sucursal. Para cargos de supervisión se decidió promover a empleados de buen desempeño y condiciones para liderar equipos. La mitad de las posiciones de cajeros y vendedores se cubrirían rotando gente de las sucursales más próximas a cada una de las nuevas; para la otra mitad, se encararía una búsqueda externa en cada una de las regiones en las que se previera una apertura. Así, los empleados más antiguos aportarían al equipo de la sucursal nueva los criterios y las modalidades de trabajo que el banco quería instalar, y los ingresantes aportarían una mirada fresca que permitiera adecuar tales modalidades a las distintas situaciones que se plantearan.

Los orígenes del Programa de Formación de Vendedores

Desde años anteriores, el banco contaba con dos programas de formación para nuevos empleados de base. Los cajeros se formaban en la Escuela de Cajeros, un ámbito que simulaba la operatoria de una sucursal. Con Romualdo, un entrenador que había trabajado muchos años como responsable operativo de la casa matriz, se capacitaban en temas tales como identificación de billetes falsos, atención al cliente y conteo de dinero. El instructor se oponía terminantemente a los cursos de capacitación en los que "el alumno escucha y lucha para mantenerse despierto, y el profesor habla y lucha para entretener al grupo". Había desterrado del Programa de Formación de Cajeros cualquier actividad que se asemejara a una disertación. El examen final, que determinaba si el ingresante estaba en condiciones de insertarse en una sucursal, consistía en la simulación de situaciones difíciles en las que participaban actores (los "clientes") y el aspirante a cajero.

Los vendedores, en cambio, recibían una formación mucho menos atractiva que la de los cajeros. Quizás porque no había un Romualdo surgido del área comercial, o quizás por la dificultad para simular la actividad de ventas (una "danza" poco previsible entre quien vende y quien compra), lo cierto es que mientras los cajeros pasaban dos semanas preparándose *en la acción*, los vendedores pasaban cinco días *escuchando hablar* sobre la venta. La capacitación de los vendedores se componía de cuatro módulos: Productos, Calidad de servicio, Sistemas y Normas. Estos módulos se dictaban en un aula, con una modalidad tipo conferencia, y estaban a cargo de especialistas de las distintas gerencias. El programa brindaba a los participantes una aproximación a las temáticas propias de una sucursal para que luego, ya en el puesto de trabajo y durante 90 días, el supervisor directo se encargara de que pudieran aplicar los contenidos a situaciones reales.

Ante el plan de aperturas previsto por los accionistas, la Gerencia de Sucursales pidió a Capacitación la revisión del programa. Por un lado, un lapso de 90 días parecía demasiado extenso teniendo en cuenta que en un año quince sucursales nuevas debían estar generando resultados. Por el otro, algunas conversaciones informales con vendedores incorporados durante el año anterior habían revelado que:

- el contenido de los módulos no se vinculaba con los desafíos del puesto: "Es como en el colegio; lo que aprendés es 'cultura general' que no te sirve demasiado, y lo importante lo aprendés en la vida"[3];
- los materiales de lectura de algunos módulos estaban desactualizados y resultaban demasiado extensos y áridos;

---

3. La cita corresponde a una expresión del Vendedor Estrella 1997.

- el desempeño de los ingresantes era inferior al esperado. Un porcentaje importante de vendedores incorporados en los últimos dos años estaba teniendo serias dificultades para cumplir con las metas.

Sobre la base de estas consideraciones, la Gerencia de Sucursales y el Departamento de Capacitación acordaron rediseñar el Programa de Formación para Vendedores para que en *un mes* los vendedores júnior estuvieran en condiciones de llevar adelante su tarea según el estándar previsto. Al mismo tiempo, el programa debía facilitar la integración del ingresante a la organización y, puntualmente, al equipo de la sucursal.

Para llevar adelante este programa se constituyó un Equipo de Proyecto compuesto por tres gerentes de sucursal, la gerenta de Capacitación, dos consultoras externas, y Romualdo. Los gerentes de sucursal tenían la misión de "llenar de realidad" el programa, de cuidar la relación entre el contenido y la problemática concreta de la venta. Las consultoras aportaban elementos técnicos de diseño didáctico y evaluación. Romualdo brindaba su experiencia como autor de un programa de formación que, para sortear las dificultades propias del traslado de lo aprendido en el aula al puesto, había introducido en las clases el contenido del puesto. La gerenta de Capacitación coordinaba el equipo.

Componentes del Programa de Formación de Vendedores

Analicemos los distintos componentes del programa y su finalidad.

a) *Equipo de proyecto*

Se integró, como señalamos, por tres gerentes de sucursal, dos consultoras externas, el autor del Programa para

Formación de Cajeros y la gerenta de Capacitación. Durante la fase de diseño se ocupó de:

- revisar los materiales del programa vigente, para tomar lo bueno de él;
- definir los propósitos de la formación –en línea con el tipo de problemas que el vendedor debería estar en condiciones de resolver– y seleccionar consecuentemente los contenidos;
- identificar sucursales que pudieran oficiar de centros regionales de formación.

Ya en la fase de implementación se encargó de:

- capacitar a los supervisores de las sucursales elegidas como centros de formación, para que pudieran actuar como tutores;
- monitorear la marcha del programa.

A ocho meses del inicio del programa, el Equipo de Proyecto elaboró un informe dirigido a la Alta Gerencia en el que daba a conocer resultados cualitativos y cuantitativos, y formulaba recomendaciones para la segunda edición.

La primera decisión del Equipo de Proyecto fue la reducción del período de formación, de tres meses a uno. La segunda, la selección de ámbitos de capacitación. El Programa de Formación de Vendedores se desarrolló fundamentalmente *en el puesto*, se llevó a cabo en las sucursales seleccionadas como Centros Regionales de Formación, con sólo dos días en aula en el Centro de Capacitación de Buenos Aires.

b) *Centros Regionales de Formación*

Fueron seleccionadas seis sucursales de diferentes regiones del país para que funcionaran como centros de formación. Tenían a su cargo, a través de la figura de los tutores, la capacitación de los vendedores que fueran a ingresar a cualquier sucursal de la zona. Para seleccionar estos centros, el Equipo de Proyecto tuvo en cuenta:

- la actitud de la dotación, es decir, que sus integrantes estuviesen dispuestos a recibir constantemente a personas que necesitaran formarse;
- las características físicas de la sucursal, para que el incremento de personal (empleados habituales más aprendices) no entorpeciera la operación ni incomodara al cliente;
- el desempeño de la sucursal, para que los ingresantes estuvieran en contacto con las prácticas reveladas como más efectivas para cumplir con los resultados.

No bien el postulante a vendedor ingresaba a la empresa, iniciaba su formación en el Centro Regional correspondiente. Pasaba allí una semana junto con el responsable comercial –supervisor directo de los vendedores–, quien lo introducía en los aspectos centrales de la vida en la sucursal. La segunda semana la iniciaba con el responsable operativo –encargado de aspectos administrativos y contables– y la terminaba con el tesorero haciendo una práctica en la caja. Durante la tercera semana pasaba tres días con el gerente, y luego profundizaba en temas específicos nuevamente con el responsable comercial que lo había recibido. Este certificaba por escrito que el ingresante estaba en condiciones de ser admitido en la sucursal de destino, lo cual daba por concluido el período en el Centro de Formación.

c) *Formación de tutores*

A fin de que los supervisores de los Centros Regionales pudieran guiar el aprendizaje de los ingresantes, se los convocó a un taller sobre el rol del tutor. Este taller, coordinado por la gerenta de Capacitación y una consultora externa, les permitió reflexionar sobre su figura como agentes formativos. Distribuidos en subgrupos, exploraban el contenido de las guías del tutor, para luego simular y analizar situaciones de enseñanza valiéndose de ellas. Además, quienes informalmente ya ejercían este rol en sus respectivos equipos, relataban experiencias y compartían con los demás algunas de las herramientas que utilizaban para enseñar.

d) *Guías del tutor*

Cada uno de los cuatro supervisores –gerente, responsable operativo, responsable comercial y tesorero– de cada Centro Regional recibía una guía que especificaba las actividades a desarrollar por el aprendiz en el período a su cargo y pautaba la intervención del tutor. En líneas generales, las guías preveían que los tutores:

- propusieran al aprendiz actividades orientadas a construir un criterio profesional (por ejemplo: sentarse junto a un compañero experimentado que entrevistara clientes y elaborar un listado de consultas más frecuentes, para luego detectar las oportunidades de venta ocultas tras las preguntas del cliente);
- explicaran los puntos críticos de una tarea;
- explicaran los fundamentos de cada tarea y su relevancia para la actividad de la sucursal;
- proporcionaran las claves para que el aprendiz monitoreara su propio trabajo;
- brindaran feedback acerca de la tarea realizada, señalando fortalezas y aspectos a mejorar en el desempeño del aprendiz.

Si bien las guías del tutor estipulaban un conjunto de temas y actividades a desarrollar, permitían a cada supervisor armar una secuencia de formación acorde con la dinámica de la sucursal. Así, mientras que algunos preferían comenzar enseñando los aspectos operativos de la venta (uso del software, manejo de formularios), otros elegían comenzar pidiendo al aprendiz que observara entrevistas de ventas para perder el miedo al cliente.

e) *Carpeta del aprendiz*

Los aprendices recibían una carpeta que especificaba los temas y actividades a desarrollar en el mes de formación con el acompañamiento de los tutores. Este material incluía:

- guías de lectura para orientar la comprensión de los manuales de productos;
- guías de observación, para que aprendieran presenciando entrevistas a clientes u observando el tránsito de gente dentro de la sucursal;
- ejercicios sobre casos breves, a resolver consultando a pares más experimentados o acudiendo a diversas fuentes de información (materiales impresos, intranet, personas de otras sucursales);
- guías de monitoreo del aprendizaje, para que semana a semana el ingresante pudiera reflexionar sobre su propio proceso.

También integraban la carpeta del aprendiz cuatro agendas semanales vacías que el ingresante completaba con el tutor el primer día de cada semana. Estas agendas ayudaban a administrar el tiempo, que debía distribuirse entre la realización de actividades previstas en la carpeta y las tareas que el supervisor asignara.

f) *Encuentro en aula*

Durante el segundo mes, luego de su incorporación a la sucursal de destino, los aprendices formados en los diferentes Centros Regionales se reunían en Buenos Aires durante dos días. Con la coordinación de un profesional de Capacitación, compartían sus experiencias y evaluaban el período de formación en el puesto. Tenían también la posibilidad de ampliar sus conocimientos comerciales (relativos a productos, riesgo crediticio y normativa vigente), ya que se destinaban seis horas al intercambio con especialistas de las gerencias centralizadoras, a quienes se convocaba especialmente para responder consultas del grupo.

Logros del programa

En la reunión del Equipo de Proyecto mantenida a ocho meses de iniciado el programa, se enunciaron los siguientes logros:

- la gente "dejó de asociar capacitación con aula y con Buenos Aires"; quienes recibían y pedían formación pudieron ampliar la mirada respecto de las herramientas útiles para enseñar y aprender;
- los nuevos vendedores pudieron integrarse a sus equipos de trabajo sin dificultad;
- los nuevos vendedores mostraban mayor capacidad para resolver situaciones, en comparación con quienes habían sido incorporados al banco en años anteriores;
- fue posible cumplir con los plazos del plan de aperturas;
- la modalidad de capacitación en los Centros Regionales pudo ser utilizada para nuevos públicos y temáticas (formación en productos, formación de ejecutivos de cuentas sénior);

- la modalidad de capacitación promovió la revisión de las prácticas de trabajo ya instaladas en las sucursales; cuando un vendedor nuevo llegaba a la sucursal de destino, se producía un intercambio entre los empleados antiguos –habituados a trabajar de determinada manera– y el ingresante –portador de la modalidad de trabajo aprendida con sus tutores– y, si bien el nuevo vendedor se amoldaba a los hábitos de los antiguos, estos revisaban y enriquecían su experiencia como resultado de las novedades aportadas por el recién llegado.

Análisis del caso

Vamos a detenernos en algunas cuestiones del relato con el propósito de reflexionar sobre diferentes opciones de capacitación para la tarea. Nos centraremos en dos elementos: *los ámbitos de formación* y *los agentes formativos*.

Los ámbitos de formación

Llamaremos *ámbitos de formación* a los ambientes deliberadamente estructurados para producir aprendizaje. Es cierto que las palabras "ámbito" y "ambiente" nos remiten a espacios físicos; no obstante, aquí tienen un sentido más amplio. El espacio es uno de los componentes del ámbito, pero no el único y, quizás, tampoco el principal. Un ámbito de formación está integrado, además, por personas, por relaciones entre personas, por actividades que las personas desarrollan en conjunto, por objetos, por códigos de lenguaje.

Analicemos un ejemplo: *el simulador de Romualdo*. Se trata de un ámbito diseñado para que los participantes puedan aprender en situaciones similares a las del puesto, acotando y graduando el riesgo y la complejidad de la realidad laboral de modo que sea posible centrar el foco en el sujeto que aprende. Este ámbito consta de un espacio físico, una sala grande equipada como una sucursal. Consta también de una serie de herramientas materiales de las que se valen los futuros cajeros para aprender: computadoras, billetes, planillas, calculadoras. No obstante, la sala equipada y las herramientas materiales (por sofisticadas que puedan resultar) no bastan para producir aprendizaje si no hay alguien que sepa aprovecharlas como recursos para la enseñanza. En este ámbito de formación tenemos a Romualdo, un experto en operaciones de sucursal convencido de que se aprende *haciendo*; están también los aspirantes a cajeros, comprometidos con el aprendizaje porque de sus logros depende su incorporación al banco. Romualdo y los aprendices comparten una secuencia de actividades graduadas para que estos puedan apropiarse del oficio de cajeros, hacerlo y sentirlo suyo. En este compartir surgen modos de vincularse, inicialmente radiales y centrados en la figura de Romualdo (que explica, muestra, propone y corrige) y luego reticulares, a medida que los aprendices se constituyen como grupo y comienzan a pedirse y ofrecerse ayuda entre sí. Romualdo deja entonces el centro de la escena para permitir que cada aprendiz se haga cargo de su propio proceso; sus intervenciones adquieren fundamentalmente la forma de preguntas ("¿Qué les parece esta resolución?", "¿Cómo nos damos cuenta de que este billete es auténtico?", "Carlos, ¿qué le sugerirías a Claudia para que demorara menos con cada cliente?") o de señalamientos puntuales sobre el desempeño.

Como consecuencia de formar parte de este ámbito –caracterizado por una determinada distribución del espacio, un conjunto de objetos ligados a la tarea del cajero, un grupo de aprendices con un tutor y una secuencia de interacciones–, los nuevos cajeros aprenden las habilidades que su puesto requiere; pero, además, aprenden que un programa de formación puede ser entretenido, que los compañeros también enseñan, que uno mismo puede ayudarse a aprender, que las buenas preguntas pueden enseñar más que una extensa explicación.

Consideremos ahora los ámbitos de formación que el programa prevé para los vendedores: el puesto de trabajo, y el aula. El *puesto de trabajo* en los Centros Regionales tiene por propósito aprovechar el poder formativo de las situaciones reales, aunque graduando la inserción del aprendiz para que pueda familiarizarse progresivamente con los desafíos de su función. En cuanto a los aspectos físicos y materiales, el ámbito de formación coincide con el laboral. De hecho, mientras los nuevos vendedores están *aprendiendo*, sus pares más antiguos están *produciendo*. Todos ellos comparten un mismo espacio (la sucursal elegida como Centro Regional de Formación) y utilizan las mismas herramientas (computadoras con software comercial, manuales de productos, formularios y fichas de los clientes). Lo que varía, lo que marca la diferencia entre ingresantes y empleados en ejercicio, es el tipo de interacciones en las que participan unos y otros. Para el empleado en ejercicio el supervisor es el jefe: le fija los objetivos de ventas, evalúa su desempeño, lo respalda en alguna situación difícil o lo sanciona si es necesario. Para el ingresante, en cambio, el supervisor es el tutor. Como tal, es quien identifica la zona de desarrollo próxima[4] de cada aprendiz, quien organiza una secuencia que permita aprender paso a paso, quien modeliza el desempeño esperado en la tarea, quien ayuda a tomar conciencia de los logros y a adquirir seguridad y autonomía.

---

4. "Zona de desarrollo próxima" es un concepto acuñado por Lev Vigotsky. Se refiere a la distancia entre el nivel de desarrollo presente (que se manifiesta en el modo en que quien aprende resuelve problemas) y el nivel de desarrollo potencial (dado por el modo en que quien aprende resuelve problemas con la guía de un individuo más experimentado).

¿Podrían los ingresantes aprender en el puesto sin tutor? Por supuesto que sí. Por el solo hecho de estar, de formar parte del entorno de la sucursal, aprenderían. Aprenderían –observando, preguntando, equivocándose y rectificando el rumbo– a diferenciar entre lo que se valora y se penaliza, a reconocer en qué ocasiones conviene hablar y en cuáles guardar silencio, a entender qué se espera de ellos y cómo lograrlo. No obstante, el puesto de trabajo organizado como ámbito de formación habilita modos de relación que facilitan la integración del recién llegado al equipo. Supervisor y compañeros de trabajo, en sus roles respectivos de tutor y pares más expertos, proveen andamios[5] para adquirir maestría en la tarea. Ayudan a mirar, a diferenciar lo importante de lo prescindible, a construir respuestas relativamente generales a situaciones de diferentes tipos y a descubrir los trucos para desenmarañar situaciones especialmente difíciles. Al ser legitimados por la empresa como agentes educativos de los Centros Regionales de Formación, supervisor y empleados antiguos priorizan, en su vínculo con el aprendiz, su disposición a enseñar, relegando otros aspectos que seguramente se harían presentes en una relación normal de trabajo (la competencia, los celos, la discriminación entre ser "de los nuestros" y ser "el nuevo").

Finalmente, consideremos *el aula.* Como espacio físico provisto de recursos didácticos, ya era utilizada en el banco para diferentes programas, incluso para cursos destinados a nuevos vendedores. Pero entonces su función principal era la de instrucción; especialistas en diferentes temas planeaban una secuencia de actividades para que los destinatarios tomaran contacto con los contenidos y pudieran luego trasladar

---

5. Jerome Bruner llama "andamio" a la asistencia que el aprendiz recibe de los expertos para resolver los problemas específicos de un oficio o área de desempeño. El experto "presta" al aprendiz su mirada avezada y su estructura de pensamiento para que progresivamente, mediante un proceso de apropiación, este desarrolle experticia.

lo aprendido a la realidad laboral. En cambio, en el Programa de Formación de Vendedores, el aula funciona como instancia de intercambio y de profundización de conocimientos específicos para la tarea. Los nuevos vendedores pasan 16 horas en el salón de clase, 10 de las cuales se destinan a reflexionar en conjunto sobre la experiencia: qué aprendieron los aprendices, cómo lo aprendieron, cómo saben que lo aprendieron, cómo resuelve cada uno tal o cual situación en base a lo aprendido, cuáles son los aspectos en los que cada uno se siente más o menos seguro. Las 6 horas restantes se destinan a la interacción con especialistas de las gerencias centralizadoras para formular preguntas específicas sobre diferentes temas: cuál es la factibilidad de insertar tal o cual producto en tal o cual región, cuáles son las características del target del producto equis, cómo se fijan las metas de ventas por sucursal. Notemos que estas preguntas sólo pueden ser hechas cuando se conoce el terreno. Un ingresante a quien se está presentando un producto en el aula durante su primera semana en la organización está concentrado en entender el hilo de la exposición, en no perderse entre palabras que no conoce y en estudiar el entorno (de aula) para atreverse a preguntar. No está en condiciones, ni por su aproximación al contenido ni por su situación personal, de concebir preguntas que tiendan puentes entre el aula y el puesto. Su relación con el instructor es completamente asimétrica: alguien sabe y alguien no sabe; y probablemente –como si todo esto fuese poco– se siente sobrecargado por la exigencia de tener que saber lo antes posible para estar en condiciones de utilizar lo aprendido en la tarea.

El ámbito del aula, en el Programa de Formación de Vendedores, promueve la emergencia de diferentes roles y vínculos. Los ingresantes han hecho una práctica en terreno y se han familiarizado con los problemas de la práctica. Han construido preguntas y respuestas que el facilitador les ayudará a verbalizar y a intercambiar con otros aprendices en una situación de paridad. Sus interrogantes han surgido del contacto con la realidad, por lo cual las respuestas que solicitan están orientadas a profundizar su comprensión de la realidad y a operar con ella. La relación con los expertos de las gerencias centralizadoras, entonces, está mediatizada por las preguntas que los ingresantes hagan; ya no se trata de *transmitir* información a quienes no saben, sino de *seleccionar y proveer* la información que cuadre con la demanda de los aprendices.

Los agentes formativos

Son los individuos que desempeñan un papel central en la capacitación de vendedores ingresantes: los tutores, los pares expertos, los facilitadores y los especialistas en contenido.

Los *tutores* son los supervisores del equipo de las sucursales elegidas como Centros Regionales de Formación: como se ha dicho, gerente, responsable operativo, tesorero y responsable comercial. Si bien este último pasa con el aprendiz más tiempo que los demás (porque es quien ejerce, en el ámbito de trabajo, la supervisión de los vendedores), no hay grandes diferencias entre los diferentes tutores respecto del desempeño del rol. Las intervenciones están pautadas en la *Guía del tutor*, que es explorada y analizada en el Taller de Formación de Tutores. Más allá de un marco de orientaciones brindadas por la guía y el taller, cada individuo planea la secuencia de aprendizaje más adecuada a la dinámica de la sucursal.

La misión del tutor es introducir al ingresante en los modos de hacer y pensar propios de un vendedor competente del Banco Ciudad del Sol. Para esto los tutores intervienen de diferentes maneras según el caso[6].

---

6. La tabla que sigue está tomada de la *Guía del tutor*. Es cierto que puede resultar excesivamente esquemática y por tanto limitante; pero es preciso tener en cuenta que en su mayor parte los supervisores de sucursal no estaban habituados a actuar de tutores. El temor del Departamento de Capacitación

Cuadro 1 (tomado de la *Guía del tutor* de la institución).

Resultado esperado en el aprendiz	Contribución del tutor
• Entender la tarea (el propósito y las operaciones implicadas)	• Explicar (el *para qué*, las operaciones implicadas, el riesgo de error en cada operación)
• Entender la inserción de la tarea en la gestión de la sucursal	• Explicar la relación entre esa tarea y otras, el impacto recíproco entre esa tarea y otras
• Imitar la manera correcta de ejecutar operaciones	• Ejecutar la tarea, mostrar actuando de modelo
• Verificar lo que sabe y mostrar lo que puede hacer con autonomía	• Ofrecer ocasiones para que el aprendiz muestre lo que sabe; observar con cuidado
• Corregir su propio desempeño y aprender de sus errores	• Ayudar a descubrir los errores; proponer alternativas de corrección; ayudar a reflexionar sobre los errores
• Construir su manera personal de ejercer el oficio	• Permitir que experimente, ayudarlo a analizar lo hecho
• Comprender el porqué de determinadas pautas o restricciones	• Explicar; ayudar a explorar los fundamentos de las normas con preguntas del tipo *¿qué ocurriría si...?* orientadas a analizar el riesgo de los desvíos
• Tomar conciencia de sus progresos y aspectos a mejorar	• Ayudar a analizar el resultado obtenido; ayudar a reflexionar sobre el modo en que se alcanzaron los resultados
• Profundizar la comprensión y aclarar dudas	• Estimular el planteo de preguntas; estimular el planteo de objeciones y desacuerdos

era que *"se manejen como supervisores, o peor aún como auditores"*; que no pudieran *"dejar de ser jefes"*. Por esta razón se resolvió "encasillar" las intervenciones posibles en una tabla.

Los *pares expertos* son los empleados de los Centros Regionales de Formación con cierta antigüedad en el banco, a quienes los ingresantes acuden en busca de asistencia. A diferencia de las intervenciones de los tutores –que están sistematizadas en la *Guía del tutor*– las intervenciones de los pares expertos se producen a demanda del aprendiz. A veces esta demanda se origina en una actividad prevista en la *Carpeta del aprendiz*, material que los nuevos vendedores reciben para su formación y que incluye consignas tales como "Revisá tu resolución de los casos de la pág. X con un compañero más experimentado que pueda comentarte qué haría él en la misma situación". Otras veces la consulta se produce espontáneamente, como consecuencia de las interacciones cotidianas. Y otras veces, alguno de los supervisores delega momentáneamente alguna de sus responsabilidades como tutor en un empleado experto[7].

Los *facilitadores* tienen a su cargo la coordinación del encuentro en aula entre los vendedores formados en los Centros Regionales. Este encuentro (que se lleva a cabo durante el mes siguiente al período de capacitación en el ámbito del puesto) está orientado a que los nuevos empleados aprendan unos de otros, reflexionen sobre su experiencia y tomen contacto con especialistas. Para cumplir con estos propósitos, cada facilitador:

- propone actividades que permitan generar un clima que favorezca el intercambio;
- plantea consignas que ayuden a reflexionar individualmente ("Qué aprendí durante el mes en sucursal, cómo lo aprendí, cómo sé que lo aprendí", "Cuáles

---

7. Esto ocurría con cierta frecuencia en el caso de los gerentes, cuya agenda diaria solía estar excesivamente cargada. Designaban entonces a un colaborador (por lo general el encargado de Grandes Cuentas) a quien entregaban la *Guía del tutor* y le indicaban cuál era la actividad en la que debían ser reemplazados.

son las tareas que me resultan más fáciles y más difíciles y por qué");

- coordina la puesta en común de las reflexiones individuales, llamando la atención sobre las similitudes y las diferencias entre los comentarios de los participantes;
- promueve la reflexión sobre la capacitación recibida, a fin de mejorar el programa ("Cuáles de las intervenciones de los tutores resultaron especialmente útiles y por qué", "Qué modificaciones se podrían introducir en el programa, pensando en los próximos grupos de vendedores que se incorporen al banco");
- estimula la generación de preguntas a plantear a los especialistas en contenido y orienta para que su formulación resulte clara y precisa;
- actúa de nexo entre los nuevos vendedores y los especialistas en contenido, para que estos puedan adecuar su participación a las necesidades del grupo.

Los *especialistas en contenido*, finalmente, tienen la misión de proporcionar conocimientos específicos que se generan en las diferentes áreas de la organización y que resultan de relevancia para la tarea de los vendedores. La actividad de Ventas articula know how, miradas y criterios de diferentes especialidades representadas en las gerencias del banco. Para vender, el vendedor debe "desplegar en su mente" la oferta diseñada por la Gerencia de Productos. También debe tener presentes los parámetros de evaluación del riesgo fijados por la Gerencia de Créditos. Debe adecuarse además a la normativa del Banco Central y a las pautas internas del Banco Ciudad del Sol establecidas por la Gerencia de Organización y Métodos. Cada transacción comercial supone, además del diálogo con el cliente, una multiplicidad de diálogos imaginarios con distintos interlocutores de la organización que no siempre están de acuerdo entre sí. Seguramente todos coincidan en que "lo principal es cuidar al cliente" o en que "la misión del Banco Ciudad del Sol es estar cerca de las necesidades crediticias de la gente". No obstante, al intentar resolver problemas concretos en el terreno, estos enunciados ayudan poco, porque adquieren significado diferente según quien los pronuncie. Es probable que, ante una misma situación, las áreas comerciales sostengan que lo principal es colocar productos y las áreas de control repliquen que lo fundamental es evitar la incobrabilidad futura; que las áreas de diseño propongan ofrecer servicios "a medida", y las áreas de administración se inclinen por ofrecer soluciones estándar para agilizar la operación.

Todos estos –y otros– mensajes están presentes en la mente del vendedor, lo que hace que una conversación en la que aparentemente participan dos personas (vendedor y cliente) sea en realidad una conversación entre varios. ¿Cómo puede un nuevo empleado, que no conoce las peculiaridades de la venta en el banco, aprender a compatibilizar los requerimientos de las distintas gerencias y a la vez aprender a vender? La solución previa al plan de aperturas se asemejaba al modelo escolar: los participantes "cursaban materias" (los módulos de Productos, Créditos, etc.) a cargo de "profesores" especializados cada uno en su tema, para luego intentar –con la eventual asistencia del jefe directo– vincular las materias con la tarea. Ante las demandas del plan de aperturas y teniendo en cuenta que este esquema no resultaba eficiente, el Plan de Formación de 1998 invirtió la secuencia. Una vez incorporados, los vendedores se "empapan de realidad"[8]: mani-

---

8. Es importante tener en cuenta, sin embargo, que la "realidad" con la que toman contacto los ingresantes es una "realidad didácticamente estructurada". Como señalamos, el puesto de trabajo está organizado como *ámbito de formación* en el cual los desafíos están secuenciados para facilitar el aprendizaje, el supervisor actúa como tutor y los compañeros de trabajo proveen contención emocional y apoyo para la tarea.

pulan herramientas, adquieren un lenguaje, interactúan con clientes y empleados, perciben inconsistencias entre "lo que se escribe en los manuales y lo que es posible hacer", se desesperan ante aquellos productos difíciles de vender o ante los sistemas que no siempre funcionan. Del contacto con esta experiencia surgen interrogantes y angustias: "Los de Créditos… ¿sabrán que los parámetros de evaluación de riesgo dejan afuera al 80% de los clientes de esta sucursal? ¿Con qué criterio se fijan los objetivos por producto? ¿Por qué es tan importante el ítem 7 del formulario C 357?". Cuando llegan al aula están ansiosos por encontrar a alguien que los ayude a comprender, función que queda a cargo de los especialistas en contenido.

Asiste al encuentro con los ingresantes un integrante por cada una de las gerencias: Sucursales, Créditos, Productos, Auditoría, y Organización y Métodos. Los participantes van planteando sus preguntas, que han sido medianamente explicitadas y sistematizadas con la ayuda del facilitador. Por lo general, tales preguntas apuntan a entender no ya contenidos específicos de tal o cual gerencia, sino más bien el modo en que las áreas se ensamblan para trabajar juntas. Puede ocurrir que la respuesta complete y profundice lo aprendido. Pero también que el contacto con los especialistas dispare un aprendizaje vital para quienes trabajan en instituciones: la comprensión de que la coherencia organizacional no está garantizada es resultado de acuerdos, y se construye en el diálogo y la acción conjunta.

Ideas centrales

Vamos a reflexionar sobre la idea de aprendizaje en la que se sustenta el programa y sobre los fundamentos de la formación para la tarea.

La idea de aprendizaje

Una de las mayores diferencias entre el programa descrito aquí y otros programas del Banco Ciudad del Sol reside en la manera de entender el aprendizaje. Por lo general, la práctica de la capacitación laboral se apoya en la creencia de que "aprendemos primero, hacemos después". En esta perspectiva, el *hacer*, el desempeño, es el resultado de la transferencia automática[9] de contenidos desde el aula al puesto de trabajo. Por el contrario, el Programa de Formación de Vendedores al que nos estuvimos refiriendo se estructura sobre la idea del aprendizaje como *desempeño de la comprensión*.

El significado de *comprensión*, aquí, no difiere radicalmente del que el lenguaje común otorga el término:

> *La comprensión es una cuestión sutil, que va más allá del conocer. [...] Nuestra "perspectiva del desempeño", en pocas palabras, sostiene que la comprensión se relaciona con ser capaz de llevar a cabo con un tema diversas actuaciones que requieren pensamiento –como explicar, encontrar evidencias y ejemplos, generalizar, aplicar, buscar analogías, y representar el tema de maneras diferentes–. (...) En síntesis, comprender es ser capaz de exhibir una variedad de "desempeños" que muestran el entendimiento de un tema y, a la vez, lo amplían. Llamamos a tales desempeños "desempeños de la comprensión".*[10]

Para continuar con nuestro caso, podemos decir que el vendedor desempeña su comprensión sobre los productos cuando explica sus características, los compara con

---

9. Entendemos por "transferencia" a la capacidad de aprender algo en una situación determinada y luego evocarlo y "utilizar" en una situación diferente. Para David Perkins (*La escuela inteligente*, Gedisa, Barcelona, 1995) la idea de la transferencia automática se sostiene en la creencia de que la transferencia "... se cuida sola (...), el conocimiento correcto siempre se encamina a los lugares en donde se lo necesita".

10. Perkins, D. & Blythe, T.: *Putting Understanding Up Front. Educational Leadership*, 51(5), 5 y 6, 1994.

productos de otros bancos y resuelve los casos del manual; pero a los efectos de su actuación futura en el puesto, los desempeños de la comprensión más relevantes son los que pone en juego cuando ofrece los productos en una conversación con el cliente o analiza la factibilidad de las metas de venta.

Entonces, el aprendizaje es el proceso por el cual desarrollamos y refinamos la comprensión, y desempeñamos esa comprensión en diferentes situaciones. La noción de "proceso" es central, porque no pasamos de "no comprender" a "comprender" en un momento puntual. El aprendizaje supone una sucesión temporal de desafíos, esfuerzos y logros a través de la cual adquirimos niveles superiores de maestría. Nuestra participación como aprendices en el proceso dista mucho de ser pasiva[11]; por el contrario, desplegamos capacidades diversas en distintos momentos. David Perkins grafica esta alternancia de capacidades con la figura de espiral, poniendo énfasis en una secuencia que se reitera y da lugar a desempeños cada vez más ricos[12].

---

11. Sin embargo, suele ocurrir que en capacitación laboral el foco esté puesto más en la enseñanza que en el aprendizaje, como si este fuera una consecuencia directa y necesaria de aquella. Como señala Ernesto Gore: "Operamos muchas veces en base a una cierta metáfora 'vacunatoria' de los procesos de enseñanza y de aprendizaje, una forma errada pero ampliamente difundida de pensar la acción de generar capacidades: el sujeto es pasivamente expuesto a un estímulo activo (contenidos - conceptos - ideas - información… vacuna). 'Duele' un poco, pero si se verifica que (a)prendió, el efecto tiene vigencia durante un determinado tiempo. Si no (a)prende, se repite la operación" (Vázquez Mazzini, M. y Gore, E.: "Aprendizaje colectivo y capacitación laboral", ponencia en el XIII Congreso de Capacitación de ADCA, Asociación de Desarrollo y Capacitación de la Argentina, Buenos Aires, 2002).

12. Perkins, David: *What is it like to be a learner?* The Project Zero Classroom, Harvard Project Zero, Summer Program, julio de 1996.

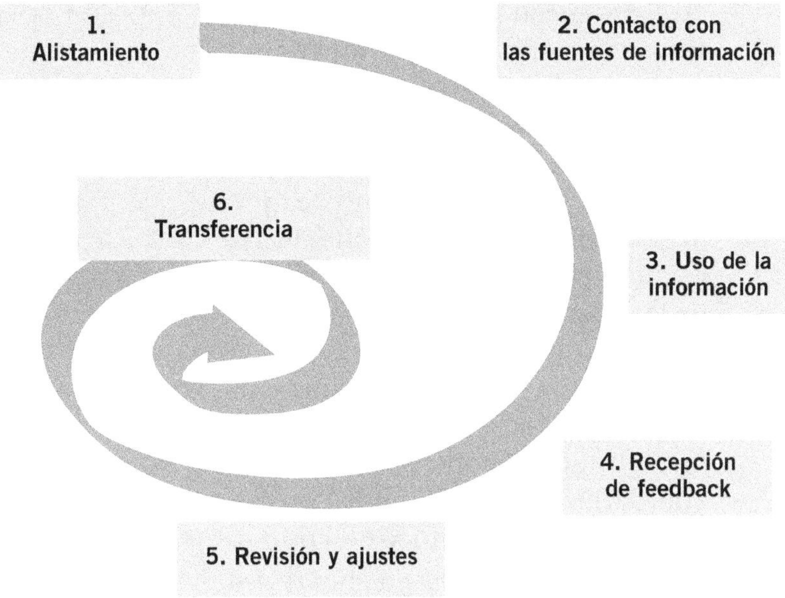

Gráfico 3. Proceso de aprendizaje según David Perkins (1995).

- **Alistamiento:** es el punto de partida del aprendizaje, ya que el proceso se inicia motivado por alguna inquietud, pregunta, necesidad o interés.
- **Contacto con las fuentes de información:** el aprendiz accede a las diversas fuentes a su alcance que le ayuden a responder sus preguntas o satisfacer su interés.
- **Uso de la información:** el aprendiz desempeña la comprensión de la información a la que accedió, empleándola para resolver un problema afín con su necesidad de aprendizaje.
- **Recepción de feedback:** al actuar desempeñando su comprensión, el aprendiz recibe una devolución, ya sea de un formador (cuando lo hay) o del ambiente.
- **Revisión y ajustes:** el feedback permite analizar los propios niveles de comprensión (si se logró o no el resultado previsto, por qué, qué sería preciso modificar) y ajustar consecuentemente acciones e ideas.

- **Transferencia:** la transferencia de lo comprendido a situaciones diversas constituye un tipo de desempeño de la comprensión más abarcador, que dispara nuevos interrogantes en una nueva vuelta de la espiral. Notemos que en esta perspectiva la transferencia forma parte del proceso de aprendizaje. Está desprovista de esa connotación fabril de "verificación de la calidad" que adquiere usualmente en la práctica de la capacitación laboral. No se la concibe como ese momento –terriblemente exigente, en ocasiones paralizante– en el cual el aprendiz debe revelarse como "digno producto terminado" del programa de formación. Por el contrario, en este planteo, transferir guarda una relación fluida con las demás etapas de la espiral, porque el foco está puesto en expandir progresivamente la comprensión de modo que lo aprendido permita resolver una gama cada vez más amplia y diversa de problemas.

Señalábamos que no es necesario que alguien enseñe para que el aprendizaje se produzca. Aprendemos a hacer *haciendo* y reflexionando sobre el resultado de ese hacer:

¿Cómo aprendemos a patinar? Ciertamente, no leyendo instrucciones, ni observando a otros aunque todo esto pueda ayudar. Principalmente, aprendemos a patinar patinando. Y, si somos buenos aprendices, patinando en forma pensante: prestamos atención a lo que hacemos, capitalizamos nuestras fortalezas, y trabajamos con nuestras debilidades. Es lo mismo con la comprensión. Si entender un tema significa construir desempeños de la comprensión acerca del tema, entonces lo principal (…) debe ser el compromiso con tales desempeños.[13]

No obstante, los agentes formativos pueden facilitar y enriquecer el proceso.

---

13. Perkins, D. & Blythe, T.: *Op. cit.*

Retomemos las etapas de la espiral del aprendizaje para identificar cuáles pueden ser las intervenciones de los agentes formativos en cada una de ellas[14].

1. *Durante el alistamiento:* los agentes formativos, como acompañantes del proceso de aprendizaje, pueden promover o ayudar a explicitar la necesidad de aprender planteando interrogantes o problemas provocativos.

2. *Para facilitar el acceso a la información:* los agentes formativos responden consultas, relatan experiencias, brindan información relevante u orientan acerca de dónde buscarla.

3. *Para que el aprendiz desempeñe su comprensión:* los agentes formativos pueden proponer problemas o situaciones que requieran la puesta en acción de la información recibida.

4 y 5. Para optimizar el feedback, la revisión y los ajustes a la comprensión: los agentes formativos ayudan a analizar las ejecuciones de los aprendices, tanto en relación con el resultado de la tarea como con las fortalezas y aspectos a mejorar en las capacidades personales.

6. *Para favorecer la transferencia:* los agentes formativos pueden tender puentes entre las situaciones ya conocidas por el aprendiz y las situaciones nuevas, ayudando a reconocer las semejanzas y diferencias entre ellas y a anticipar dificultades que puedan presentarse.

Los fundamentos de la formación para la tarea

Una de las responsabilidades asignadas a los departamentos de Capacitación es la preparación de nuevos empleados, para que puedan en el menor tiempo posible trabajar

---

14. Es importante tener en cuenta que esta secuenciación en etapas sirve a los propósitos del análisis. En los hechos, estas etapas no se recortan unas de otras tan claramente, por lo cual el rol docente no puede ser entendido como una sucesión de acciones discretas.

con otros y lograr resultados. En la era preindustrial esta preparación para la tarea quedaba a cargo de un experto (el *oficial*), que introducía progresivamente al aprendiz en los secretos del oficio. Pero en nuestra sociedad industrializada, la tendencia en las grandes corporaciones ha sido la de reemplazar esta díada experto-aprendiz por programas de capacitación que reproducen el modelo escolar. Consideremos algunas características de estos programas.

- El ámbito privilegiado es el aula, donde los ingresantes toman contacto con información y la utilizan en actividades didácticamente planeadas (role-play, análisis de casos, resolución de ejercicios, etc.).
- La información está centralizada en el instructor y, secundariamente, en los materiales de enseñanza.
- Las ocasiones para desempeñar la comprensión son escasas, porque el tiempo es limitado y se prioriza la cobertura (superficial) de una cierta cantidad de temas.
- El contexto de aprendizaje (el aula) está escindido del contexto de transferencia (el puesto de trabajo con sus demandas).
- El contenido de la formación es *conocimiento proposicional*[15] transmitido mediante palabras, compartimentalizado en unidades relativamente autónomas (materias, módulos, disciplinas, cursos), y usualmente estructurado de lo general a lo particular. Con frecuencia resulta paradójico encontrar que, incluso para el aprendizaje de conocimientos difíciles de poner en

---

15. Donald Schön (*La formación de profesionales reflexivos*, Barcelona, Paidós, 1992) utiliza la expresión "conocimiento proposicional" para referirse al conocimiento verbalizable, expresable mediante códigos formalizados (números, palabras, símbolos), que se transmite en las instituciones educativas. La contrapone a "conocimiento en la acción", que alude al saber práctico propio de los profesionales competentes.

palabras –cómo diferenciar cortes en el oficio de Carnicería, cómo testear la calidad de los vinos en el caso de los enólogos–, la solución habitual es elaborar un manual de procedimientos y dictar un curso para explicar el manual.

¿Por qué este privilegio del modelo escolar sobre la díada experto-aprendiz u otras opciones de preparación para la tarea? En parte, porque "(…) tendemos a pensar el aprendizaje como lo que ocurre dentro del aula y dentro de la mente, y la capacitación suele ser concebida como una 'incrustación' de la institución escolar en el marco de la empresa"[16]. En segundo lugar, porque el formato de curso en aula se sostiene en la ilusión del control sobre el aprendizaje; destinatarios, agentes formativos y demandantes de servicios de capacitación parecen confiar en que, si la secuencia didáctica está bien planeada y el instructor es competente, el contenido logrará imprimirse en la mente de los aprendices y quedará disponible para que lo utilicen cuando sea necesario. Finalmente, porque en nuestra sociedad el conocimiento proposicional que se expresa en palabras y símbolos y se aprende en la escuela goza de una valoración superior a la del conocimiento práctico que se manifiesta en el *hacer* de los oficios y se aprende en la acción: "Más y más a menudo en nuestra sociedad cada vez más tecnológica, cuando una voz que habla en un lenguaje formalizado, racionalista y en términos matemáticos confronta a una voz que se basa en lo personal, en el sentido común o en particularidades localizadas, lo técnico prevalece sobre lo vernáculo"[17].

---

16. Vázquez Mazzini, M. Gore, E.: "Aprendizaje colectivo y capacitación laboral", ponencia en el XIII Congreso Nacional de Capacitación, Asociación de Desarrollo y Capacitación de la Argentina, Buenos Aires, diciembre de 2002.

17. Mehan, H.: "Las políticas de representación". En Chaiklin, S. y Lave, J., compiladores: *Estudiar las prácticas. Perspectivas sobre actividad y contexto*, Amorrortu, Buenos Aires, 2002.

Sin embargo, el modelo escolar dentro de la empresa no ha demostrado resultados contundentes que lo hagan preferible a otros. El aula –entendida como ámbito de transmisión de contenidos a los ingresantes– y el contexto de trabajo presentan marcadas diferencias, a tal punto que la relación entre ambos (indispensable para que se produzca la transferencia) resulta casi imposible de establecer.

- **Los problemas que se presentan en el puesto son infinitamente más diversos y complejos que los que se desarrollan en el aula**. Donald Schön los denomina "revoltijos", porque no se trata de situaciones definidas con claridad a las cuales aplicar una solución, sino de situaciones problemáticas desordenadas e indeterminadas.
- **Para resolver tales revoltijos no basta con el contenido que se transmite en el aula**. Las situaciones de trabajo requieren de un tipo diferente de conocimiento: un conocimiento difícilmente verbalizable y considerablemente intuitivo, que se manifiesta en la acción competente.
- **El conocimiento necesario para la acción competente se desarrolla principalmente haciendo**, a través de sucesivos y cada vez más profundos desempeños de la comprensión. Las explicaciones, las lecturas y los ejercicios que pueden resolverse en el aula ayudan, pero nada puede reemplazar a la acción misma.
- **En el puesto de trabajo la información está distribuida entre las personas, las herramientas, los documentos, y otras fuentes externas a la organización**. Por eso, un aspecto importante del aprendizaje para la tarea es el reconocimiento de las fuentes de información a las que puede acudirse en cada caso para resolver problemas de distintas índoles.

Un modelo efectivo que prepare para el trabajo no debería, entonces, dejar al margen las oportunidades formativas que el puesto brinda. A la vez, también debería aprovechar los beneficios que sí ofrece el aula como ámbito de formación: la posibilidad de reflexionar *sobre* la tarea y *a cierta distancia* de la tarea, de profundizar en temas puntuales, de rectificar comprensiones y de validar con otros –expertos y pares– los criterios profesionales para hacer frente a los revoltijos del puesto.

Qué se puede hacer

Intentemos sintetizar lo expresado hasta aquí en unas pocas recomendaciones que permitan optimizar la capacitación para la tarea.

a) **Partir de la práctica**. Esto significa seleccionar y organizar el contenido de la capacitación en base a la pregunta "cuáles son las situaciones que se presentan en el terreno". Las diversas decisiones concernientes a la enseñanza (en qué ámbito capacitar, con qué recursos, durante cuánto tiempo, con qué agentes formativos, con qué estrategias didácticas) adquieren sentido en función de un para qué, de un propósito. En este caso, el propósito es facilitar al aprendiz el acceso a los problemas de la práctica y la construcción de una mirada profesional para hacerles frente.

b) **Permitir el contacto con los diversos componentes de la práctica**. Una práctica es mucho más que un conjunto de operaciones observables. Integra personas, relaciones entre personas, herramientas, maneras de pensar y conversar, relatos, valoraciones, códigos y, por supuesto, secuencias de acción. La formación para la tarea tiene que facilitar el acceso a esta multiplicidad de elementos, a fin de que el aprendiz pueda desarrollar su propio estilo dentro del campo profesional en el que se inserta.

c) **Aprovechar las ventajas del puesto de trabajo como ámbito de formación**. Esto no significa exactamente introducir al aprendiz en la trama de reglas, exigencias y vínculos característicos del proceso productivo. Significa crear un sistema de roles y relaciones que centre el foco en guiar el aprendizaje de los desafíos de la tarea y en facilitar la apropiación de los criterios profesionales para enfrentar tales desafíos.

d) **Aprovechar las ventajas del aula como ámbito de formación**, no ya para poner en contacto al aprendiz con el contenido, sino para profundizar la comprensión de la tarea y de las propias capacidades para desempeñarse eficazmente.

e) **Proporcionar las claves para monitorear el desempeño**. Es importante que el aprendiz desarrolle habilidades para la *ejecución*, de modo que sus concreciones sean cada vez más ricas y representativas del pensamiento experto. Pero es igualmente importante que desarrolle el *juicio crítico* necesario para evaluar sus logros. La evaluación del propio desempeño le permitirá ganar autonomía en la tarea, y a la vez tomar las riendas de su autodesarrollo.

Bibliografía

Bereiter, C. & Scardamalia, M.: *Surpassing Ourselves. An inquiry into the nature and implications of expertise*. Open Court, Chicago, 1993.

Bruner, J.: *Actos de significado*. Alianza, Madrid, 1991.

Camilloni, A., Davini, M. C., Edelstein, G., Litwin, E., Souto, M. y Barco, S.: *Corrientes didácticas contemporáneas*. Paidós, Buenos Aires, 1996.

Cole, M., Engeström, Y. y Vásquez O. (Eds.): *Mind, Culture and Activity - Seminal papers from the Laboratory of Comparative Human Cognition*. Cambridge University Press, New York, 1997.

Chaiklin, S. y Lave, J. (Comp.): *Estudiar las prácticas. Perspectivas sobre actividad y contexto,* Amorrortu, Buenos Aires, 2002.

Gardner, H.: "Assessment in Context: The Alternative to Standardized Testing". En Gifford, S. R. y O'Connor, M.C. (Eds.): *Changing Assessments: Alternative Views of Aptitude. Achievement and Instruction.* Kluwer Publishers, Boston, 1991.

——————— *La mente no escolarizada.* Paidós, Buenos Aires, 1993.

Gore, E.: *La educación en la empresa.* Granica, Buenos Aires, 1996.

Lave, J.: *La cognición en la práctica.* Paidós, Barcelona, 1991.

Lave, J. y Wenger, E.: *Situated Learning. Legitimate Peripherical Participation.* Cambridge University Press, New York, 1991.

Paín, A.: *Cómo realizar un proyecto de capacitación.* Granica, Buenos Aires, 1992.

Pfeffer, J. y Sutton, R. *The Knowing-Doing Gap.* Harvard Business School Press, Boston, 2000. En castellano: *La brecha entre el saber y el hacer,* Granica, Buenos Aires, 2005.

Perkins, D.: *La escuela inteligente.* Gedisa, Barcelona, 1995.

Perkins, D. y Salomon, G.: "Teaching for Transfer". En *Educational Leadership,* Vol. 46, N° 1, Sept. 1988.

——————— "The Science and Art of Transfer". En Costa, A., Bellanca, J. y Fogarty, R.: *If Minds Matter. A foreward to the future.* IL, Skylight Publishing, 1992.

Polanyi, M.: "The Tacit Dimension". En Prousak, L. (Ed.): *Knowledge in Organizations.* Newton, Butterworth-Heinemann, 1997.

Rogoff, B.: *Aprendices del pensamiento.* Paidós, Barcelona, 1993.

Schön, D.: *El profesional reflexivo. Cómo piensan los profesionales cuando actúan.* Paidós, Buenos Aires, 1998.

——————— *La formación de profesionales reflexivos. Hacia un nuevo diseño de la enseñanza y el aprendizaje en las profesiones.* Paidós, Barcelona, 1992.

Seidel, S., Walters, J., Kirby, E., Olff, N., Powell, K., & Veenema, S.: *Portfolio Practices: Thinking Through The Assessment of Children's Work.* Washington, NEA Professional Library, 1997.

Vázquez Mazzini, M. y Gore, E.: "Aprendizaje colectivo y capacitación laboral", ponencia en el XIII Congreso Nacional de Capacitación, Asociación de Desarrollo y Capacitación de la Argentina, Buenos Aires, 2002.

Wenger, E.: *Comunidades de práctica. Aprendizaje, significado e identidad.* Paidós, Barcelona, 2002.

Wersch, J.: *La mente en acción.* Aique, Buenos Aires, 1999.

CAPÍTULO 6

RED NUEVO MILENIO: LA CONTRIBUCIÓN AL APRENDIZAJE COLECTIVO

Hacer con otros –característico de las organizaciones y equipos– es inherente a toda actividad compleja propia de nuestra sociedad. Ningún individuo puede, por sí mismo, transformar petróleo en nafta, inventar y comercializar masivamente un software o fabricar automóviles. Cualquier producto o servicio es el resultado de la coordinación interindividual en pos de un propósito común. Para que tal coordinación sea posible, quienes trabajan juntos deben aprender juntos. Este aprendizaje supone mantener determinadas conversaciones (sobre qué hacer, para qué, cómo, cuáles son los problemas y de qué manera superarlos), seleccionar cursos de acción, llevar las acciones adelante y analizar en conjunto lo hecho. A través de estos interjuegos entre actuar y conversar[1], los participantes van construyendo progresivamente un "nosotros", un "sujeto colectivo" que articula las tareas individuales en torno a un tronco común de ideas y valores, a fin de llevar adelante una actividad diversa y compleja.

---

1. Aquí establecemos una distinción entre "hacer" y "conversar". No obstante, para algunas corrientes el hablar es una de las tantas formas de hacer (Austin, J.: *Cómo hacer cosas con palabras*. Barcelona, Paidós, 1996).

Los profesionales de la formación podemos brindar una contribución al desarrollo de ese "nosotros". En el caso que relatamos aquí, nuestra ayuda consistió fundamentalmente en la generación de ámbitos para conversar y reflexionar colectivamente. En estos ámbitos, los individuos integrantes de la red pudieron escucharse, enseñarse y aportarse mutuamente, logrando así construir una visión compartida y una modalidad de trabajo eficaz.

El caso

Los orígenes de la Red Nuevo Milenio

A fines de la década de 1990, la empresa petrolera Mankhay S.A. advirtió que las estaciones de servicio que comercializaban sus productos podían perder clientes como consecuencia de una estrategia ofensiva por parte de otras petroleras. Fenómenos sociales, culturales, generacionales y económicos habían reconfigurado el escenario de tal modo que la imagen de Mankhay ("empresa al alcance de todos y apegada a las tradiciones argentinas") podía resultar menos convocante que la imagen de "corporación multinacional, excelente en productos y servicios y atractiva en imagen y promociones". Se hacía necesario modificar la percepción de la marca en el mercado. Mankhay debía mostrarse apta para alcanzar los estándares de las multinacionales sin tirar por la borda aquello que la había hecho exitosa hasta el momento.

Semejante desafío implicaba generar nuevos productos (combustibles, lubricantes), difundir convenientemente las innovaciones e incorporar a las estaciones de servicio prestaciones no convencionales alineadas con la idea de *one-stop shopping*[2]. Por mayor esfuerzo que Mankhay aplicara a la

---

2. *One-stop shopping* (compra en una sola parada) designa al conjunto de servicios orientados a que el cliente resuelva sus necesidades cotidianas (compra, pago de servicios, carga de combustible, llamadas telefónicas, retiro de dinero) en un solo ámbito físico.

transformación, el desafío resultaba impensable si los dueños de las estaciones de servicio –pequeños y medianos empresarios que comercializaban los productos de Mankhay, también conocidos como "estacioneros"– no asumían igual compromiso. Parafraseando a uno de los principales funcionarios de la petrolera, "el muchacho que carga nafta es la cara de la empresa. Todo el dinero que ingresa en la estación, y por lo tanto todo el dinero que ingresa a la compañía por el canal minorista, pasa primero por la billetera de este muchacho". Sólo mediante un trabajo conjunto entre la petrolera y las estaciones sería posible el cambio en el desempeño, en las acciones, en los resultados y, consecuentemente, en la percepción del cliente y el posicionamiento en el mercado.

Sin embargo, parecía que este análisis no era compartido por la totalidad de los estacioneros. En muchos casos, habiendo heredado las estaciones de sus padres y abuelos, se resistían a aceptar lo que para la petrolera resultaba evidente. "Yo vendo nafta, no imagen. El cliente nos va a seguir comprando porque tenemos los colores de *su* petrolera", "No voy a vender cigarrillos importados como si mi estación fuera un quiosco", solían responder ante las propuestas de incorporación de nuevos negocios o de remodelación de las instalaciones. Los funcionarios de la petrolera advertían entonces que, con el tiempo, la brecha entre las tendencias del mercado y la respuesta de las estaciones de servicio se ensancharía. Desde su punto de vista, la posición de los 'estacioneros' era conservadora, porque sobredimensionaba los éxitos pasados y los extrapolaba a futuro, y limitada, por desestimar la realidad de la globalización y las preferencias de las nuevas generaciones de consumidores. Los estacioneros, por su parte, consideraban que los funcionarios de la petrolera sostenían una visión "sacada de los libros pero poco real", y "generada en la oficina del microcentro de Buenos Aires sin mirar a la calle o a la ruta".

La necesidad de trabajo conjunto parecía enfrentarse al problema de la identidad de dos grupos que diferían en su comprensión del negocio, en su perfil profesional y en las características de su contexto de trabajo cotidiano. Era preciso construir una colectividad que los integrara y que, con el tiempo, fuese adquiriendo su propia identidad. Esta colectividad fue Red Nuevo Milenio, una sociedad compuesta por la petrolera y los estacioneros dispuestos a sumarse, conformada con el propósito de potenciar capacidades para hacer frente a otras marcas.

¿Cuáles eran las competencias[3] que los socios de Red Nuevo Milenio podían aportar? Los estacioneros sabían atender a las particularidades del cliente local en la zona de influencia de la propia estación de servicio. Mankhay evidenciaba capacidad para:

- negociar acuerdos convenientes con las grandes empresas proveedoras de los artículos que se comercializaban en las tiendas de las estaciones de servicio;
- innovar en el negocio de los productos petroleros;
- gestionar la imagen de la marca mostrando que era posible integrar la tradición de empresa apegada a los argentinos, con la orientación al mercado global.

Para estimular a los estacioneros a incorporarse a la Red Nuevo Milenio, la petrolera tuvo que definir claramente cuáles serían las ventajas de las que gozarían aquellas estaciones que, entre todas las que comercializaban la marca, estuvieran decididas a funcionar como nodos de la red. Entre estas ventajas pueden mencionarse el apoyo para optimizar los procesos internos de las estaciones, la asistencia económica para remodelar las instalaciones, la capacitación del perso-

---

3. El término "competencia" está utilizado como traducción literal de *competence*: capacidad individual o colectiva para *hacer*, para actuar efectivamente (Hamel y Prahalad: *Compitiendo por el futuro*. Ariel, Buenos Aires, 1996).

nal, la posibilidad de incorporar negocios no convencionales de rentabilidad conveniente y descuentos en insumos (seguros, servicios de mantenimiento, uniformes, equipos informáticos, etc.). Al cabo de seis meses, un alto porcentaje de estacioneros se sumaba a la Red Nuevo Milenio.

Como es habitual en la fase de lanzamiento de un proyecto, el entusiasmo inicial relegó las diferencias entre los dos grupos de socios de la nueva colectividad. Sin embargo, tiempo después, las identidades originales se hicieron presentes. Los estacioneros comenzaron a manifestar que la orientación del proyecto no era la que esperaban y a retomar argumentos reforzadores de la propia identidad en detrimento de la red: "Red Nuevo Milenio piensa en el cliente del primer mundo que busca la estación-shopping; pero a nosotros los estacioneros nos interesa el cliente nuestro, el de todos los días, que busca *su* combustible a un precio conveniente". En la petrolera estaban entre sorprendidos y desilusionados: "No pueden ver el negocio. El mundo les va a pasar por arriba y ellos van a seguir esperando que el cliente actual no busque verdura fresca en el supermercado, no compre por Internet y no pida cigarrillos en la estación de servicio".

Es probable que la red se hubiese debilitado y, finalmente, perdido vigencia de no haber mediado la certera intervención del área de Gestión del Cambio de Mankhay. Sus responsables diagnosticaron a tiempo la fragilidad de la red y generaron diversas iniciativas para consolidar una modalidad de trabajo reticular. Entre ellas analizaremos los encuentros de intercambio, considerados por los actores como efectivos para el proyecto de trabajo conjunto.

Una intervención para el fortalecimiento de la red

Los encuentros de intercambio eran reuniones en la cuales los integrantes de Red Nuevo Milenio intercambiaban información, puntos de vista, pedidos y compromisos que luego se traducían en acciones para la mejora del desempeño colectivo. Se llevaban a cabo semestralmente en cada una de las unidades administrativo-operativas de la Argentina (Noreste, Noroeste, Patagonia, etc.) con una duración que oscilaba entre 8 y 12 horas. Participaban cerca de 100 estacioneros de la zona, los funcionarios y empleados de la petrolera con responsabilidad por las decisiones regionales, y los funcionarios y empleados de la petrolera que trabajaban para Red Nuevo Milenio en la sede central. Nuestro rol como consultores consistía en monitorear la secuencia de actividades y facilitar las conversaciones, de manera que cada una de las partes comprendiera y fuera comprendida por las otras.

Para analizar la contribución de estos encuentros al fortalecimiento de la red y a la gestión del conocimiento presentaremos brevemente la estructura de actividades que los componían.

Secuencia de actividades

1. Presentación de los asistentes (estacioneros, personal de la petrolera); acuerdos respecto de los temas a tratar y su distribución en el tiempo.

2. Diagnóstico de la situación en la zona.
- Distribuidos en grupos, los estacioneros respondían a la pregunta "qué ganamos y qué perdimos desde que comenzamos a integrar Red Nuevo Milenio".
- Puesta en común de los diagnósticos de los grupos, identificando discrepancias y regularidades en los comentarios.
- Los integrantes de la petrolera daban a conocer su diagnóstico, fundamentando con datos, cifras y argumentos sus diferencias de opinión respecto del diagnóstico de los operadores.

3. Indagación para profundizar la comprensión.

- Nuevamente en grupos, los estacioneros elaboraban preguntas para comprender más profundamente la información aportada por la petrolera y para ayudar a sus interlocutores a advertir puntos que podrían estar pasando por alto en su diagnóstico.
- El responsable zonal y el responsable de Red Nuevo Milenio respondían las preguntas, poniendo especial cuidado en: a) aclarar el hilo argumental de su pensamiento y los datos que avalaban los argumentos; b) explicitar qué datos o ideas de los estacioneros les resultaban especialmente enriquecedoras de su propia perspectiva.

4. Enunciación de los siguientes pasos de la red. El responsable zonal y el responsable de Red Nuevo Milenio daban a conocer algunas decisiones de Mankhay relevantes para la red en la zona y las iniciativas de mejora programadas o iniciadas.

5. Propuestas para la mejora de la red.
- Nuevamente en grupos (ahora mixtos: integrados por estacioneros y empleados de la petrolera), se destinaba un tiempo a la generación de ideas para llevar a cabo en conjunto: explorar algún segmento de mercado, constituir un equipo de trabajo con alguna misión específica, estudiar algún negocio, etcétera.
- El responsable zonal y el responsable de Red Nuevo Milenio acordaban con los estacioneros el modo de analizar las iniciativas propuestas, los plazos y los individuos que podrían participar.

6. Presentación de herramientas de gestión, programas comerciales o negocios no convencionales que la petrolera hubiera desarrollado para las estaciones de Red Nuevo Milenio.

- Testimonios breves de estacioneros que ya estuvieran implementando la herramienta, programa o negocio, con especial foco en los beneficios, los riesgos y los ajustes necesarios.
- Cada líder de programa comercial o herramienta de la petrolera completaba la información proporcionada por el estacionero que había dado a conocer su testimonio.
- Preguntas y respuestas sobre el programa comercial o herramienta.

7. Presentación del grado de avance de los equipos autogestionados de estacioneros de la zona.
- Relato a cargo del estacionero que lideraba el equipo: propósito del equipo, quiénes lo componían, qué integrantes de la petrolera intervenían y con qué roles.
- Enunciación de los logros del equipo: buenas prácticas identificadas, factores clave de éxito, variables a tener en cuenta para transferir las buenas prácticas a otros equipos, aporte del equipo para la gestión de la red.
- Preguntas de otros estacioneros. Incorporación de nuevos integrantes al equipo.

8. Comunicaciones institucionales relevantes para Red Nuevo Milenio en la zona.
- Dos funcionarios del máximo nivel de responsabilidad de Mankhay daban a conocer la visión estratégica de la compañía, el rol de Red Nuevo Milenio dentro de la estrategia corporativa y la incidencia de las decisiones estratégicas en la zona.
- Preguntas y respuestas.

9. Evaluación y cierre del encuentro. Comentarios acerca de la utilidad de la reunión, grado de cumplimiento de las expectativas, temáticas importantes que no hubieran

sido incluidas (y que deberían ser tratadas en próximas reuniones), puntos a incluir en el siguiente encuentro zonal.

Si bien ningún encuentro de intercambio era idéntico a otro (porque las regiones, las personas y la problemática de negocios eran diferentes), podemos identificar algunas regularidades en cuanto a su valor agregado. Las encuestas de evaluación que entregábamos a los participantes ponían de manifiesto que aportaban:

- claridad y precisión sobre lo que pensaban y percibían los "estacioneros" como grupo;
- claridad y precisión sobre los criterios que fundamentaban las decisiones de la petrolera;
- confirmación de que las propias preocupaciones eran compartidas por otros;
- información respecto de la estrategia de la petrolera y del papel de Red Nuevo Milenio;
- oportunidades para armar grupos mixtos de trabajo en torno a problemáticas comunes;
- identificación de fortalezas y debilidades de Red Nuevo Milenio como proyecto;
- acercamiento de las partes, que podían desmitificarse mutuamente y comprobar que el entusiasmo y el deseo de operar en red seguían vigentes.

Análisis del caso

Vamos a reflexionar sobre los encuentros de intercambio como modalidad de promoción de aprendizaje colectivo. Consideraremos los siguientes puntos: quién es el sujeto que aprende, cuáles son los objetivos a los que apunta la formación y en qué consiste esta formación.

El sujeto que aprende

A fin de que la Red Nuevo Milenio pudiera operar como tal, ¿quiénes debían adquirir nuevas capacidades? Para los funcionarios de la petrolera, quienes tenían que cambiar modos de pensar y actuar eran los estacioneros: "Tienen que entender los cambios en el negocio, desarrollar un perfil empresarial". Pero la percepción de los estacioneros era otra: para ellos, los funcionarios de Mankhay tenían que "aprender a mirar más allá de lo que se ve desde la ventana de su oficina, en el microcentro de Buenos Aires". Tomando distancia, alguno de los participantes solía agregar reflexivamente: "Todos tendríamos que aprender cosas que no sabemos…". Pero cualquiera de estos enunciados resultaba insuficiente.

Aunque cada integrante de la red desarrollara nuevas capacidades, no era seguro que el desempeño mejorara. ¿Por qué? Porque hablar de "red" implica hablar de un sujeto colectivo compuesto por individuos (personas: funcionarios de Mankhay y estacioneros), por relaciones entre individuos (vínculos de confianza, conexiones necesarias para coordinar acciones, interacciones previstas por los procesos de trabajo) y conocimiento (el contenido que circula por la red: lo que todos deben saber en tanto integrantes, lo que cada nodo debe saber para articularse con otros). Si hubiéramos pensado en una capacitación orientada exclusivamente a las personas, no habríamos obtenido una red fortalecida sino una suma de personas capacitadas… que aun así no podrían ensamblar sus esfuerzos por falta de vínculos o de conocimiento compartido. Por consiguiente, el destinatario de la capacitación fue en este caso la Red Nuevo Milenio en tanto tal.

Los objetivos de la formación

¿Qué necesitaba aprender la red para obtener el éxito esperado? Consideremos algunos enunciados surgidos en los encuentros de intercambio:

- "Tenemos que aprender a estar cerca del cliente, a escucharlo, a diseñar soluciones a la medida de sus necesidades";
- "Tenemos que poder mostrar al cliente que somos capaces de ofrecer el mejor producto con el mejor servicio; que no vamos a competir por precio, sino que le ofrecemos la mejor ecuación precio-calidad";
- "Tenemos que aprender a monitorear nuestros propios estándares de calidad de servicio, no bajar los brazos, estar siempre pensando en mejorar".

Para que estos aprendizajes pudieran concretarse, era preciso que otros aprendizajes (individuales y colectivos) se produjeran previamente. Cada integrante de la red tenía que desarrollar capacidades para:

- escuchar con atención y respeto a quienes adoptaran una perspectiva diferente de la propia, especialmente en los casos de interlocución entre estacioneros y Mankhay;
- presentar su punto de vista con claridad, fundamentando cada enunciado;
- trabajar con otros, especialmente con otros diferentes;
- comprender la noción de "red comercial", sus implicaciones para la acción y su relevancia para el negocio tanto de Mankhay como de las estaciones de servicio.

Además, la Red Nuevo Milenio como sujeto *colectivo* tenía que ser capaz de:

- fortalecer su identidad como red, construyendo denominadores comunes superadores de las diferencias entre grupos (estacioneros/funcionarios de Mankhay);

- generar y sistematizar prácticas y procesos de trabajo en red (quién hace qué, quién se conecta con quién, para qué, quién transmite información a quién, etc.);
- generar herramientas[4] para el trabajo en red (sistemas informáticos, formularios, material promocional, etc.).

Notemos que estos objetivos de aprendizaje colectivo escapan al supuesto según el cual aprendemos primero para transferir lo aprendido a la tarea después. No había otra manera de aprender a trabajar en red que *trabajando en red.* Por eso los encuentros de intercambio funcionaban –como lo expresó una de las participantes– como "algo intermedio entre capacitación y gestión". A diferencia de lo que es habitual en los cursos de formación, no se trataba de centrar la atención en un contenido aportado por un instructor que los participantes deberían hacer suyo y luego vincular con su trabajo. Se trataba de potenciar las interfaces entre los nodos de la red, promoviendo conversaciones en las cuales los individuos aclararan sus relaciones recíprocas e intercambiaran conocimientos.

Las características del encuentro de formación

Revisemos la secuencia de los encuentros de intercambio explicitando los objetivos de aprendizaje a los que se apuntaba.

---

4. Con el término "herramientas" nos referimos a objetos, documentos, términos o cualquier otro recurso producido en la práctica colectiva para concretar el propósito común.

Cuadro 2. Secuencias y objetivos de aprendizaje en la Red Nuevo Milenio
Elaboración propia

Secuencia de actividades	Objetivos de aprendizaje
1. Presentación de los asistentes y generación de acuerdos respecto de los temas a tratar y su distribución en el tiempo.	
2. Diagnóstico de la situación en la zona. • Trabajo en subgrupos: "Qué ganamos y qué perdimos con Red Nuevo Milenio". • Puesta en común. • Exposición de Mankhay: diagnóstico de la petrolera, presentación de datos y cifras.	Que los individuos desarrollaran la capacidad para escuchar a otros y para hacerse entender. Que Red Nuevo Milenio adquiriera la capacidad de elaborar diagnósticos en los que todos los nodos se encontraran representados.
3. Indagación para profundizar la comprensión. • Trabajo en subgrupos: los estacioneros elaboraban preguntas a Mankhay. • Puesta en común de las preguntas. • Respuesta a cargo del responsable zonal y el responsable de Red Nuevo Milenio.	Que los individuos desarrollaran capacidades para trabajar con otros diferentes. Que Red Nuevo Milenio adquiriera la capacidad de elaborar un diagnóstico profundo que respondiera a los interrogantes centrales de cada uno de sus integrantes.
4. Enunciación de los siguientes pasos de la red.	
5. Propuestas para la mejora de la red. • Trabajo en subgrupos (mixtos): generación de ideas para el trabajo en conjunto. • Puesta en común. • Acuerdos sobre el modo de profundizar y analizar las propuestas.	Que Red Nuevo Milenio generara procesos y prácticas de trabajo que fortalecieran la identidad de la red.
6. Presentación de herramientas de gestión o programas comerciales. • Presentaciones de estacioneros: testimonios breves sobre la implementación de las herramientas o programas.	Que Red Nuevo Milenio generara procesos, herramientas y prácticas de trabajo que fortalecieran la identidad de la red. Que los individuos comprendieran la noción de "red comercial" y sus beneficios para las diferentes partes.

- Presentaciones de funcionarios de Mankhay complementarias de las de los estacioneros.
- Preguntas de los estacioneros sobre las características de los programas y herramientas.
- Respuestas a cargo de funcionarios de Mankhay.

7. Presentación del grado de avance de los equipos autogestionados de estacioneros de la zona.
- Relato a cargo del estacionero líder.
- Preguntas de otros estacioneros.
- Incorporación de nuevos miembros a los equipos autogestionados.

Que Red Nuevo Milenio generara procesos, herramientas y prácticas de trabajo que fortalecieran la identidad de la red. Que los individuos comprendieran la noción de "red comercial" y sus beneficios para las diferentes partes.

8. Comunicaciones institucionales relevantes para Red Nuevo Milenio en la zona.
- Presentación a cargo de funcionarios de Mankhay.
- Preguntas de los estacioneros.
- Respuestas de dos funcionarios de Mankhay de mayor nivel de responsabilidad.

Que Red Nuevo Milenio generara prácticas de intercambio de información que fortalecieran la identidad de la red.

9. Evaluación y cierre del encuentro.

Notemos que la secuencia de actividades (columna izquierda) era sumamente simple en su diseño. El contenido, el "qué" de la formación, era aportado por los mismos participantes. Durante los puntos 3 y 4 de la secuencia, el aprendizaje se disparaba por el contraste de perspectivas entre grupos relativamente homogéneos y distinguibles entre sí: los funcionarios de Mankhay y los estacioneros. Cada uno de estos grupos podía, al escuchar al otro, incorporar nuevos elementos a su lectura de la situación. A veces esto se hacía explícito: "Ah… pero eso que ustedes plantean es nuevo para nosotros. No teníamos esos datos…". Otras veces la sorpresa se transformaba en alivio: "Pero entonces… ¡estamos diciendo lo mismo con otras palabras! ¡Entonces estamos de acuerdo!". Durante los bloques 4 a 9 todos hablaban "en nombre de la red". Superado el malestar inicial, quedaba claro para todos que Red Nuevo Milenio era un emprendimiento colectivo del cual nadie quería quedar al margen.

¿Cuál era el papel de los consultores? Está claro que no oficiábamos de instructores, de "portadores de contenido". El término que se utilizó para designar el rol fue el de "facilitadores", ya que efectivamente la responsabilidad principal consistía en facilitar diversos tipos de intercambio. Analicemos las particularidades de cada intervención.

a) Facilitación de la generación de un contexto ameno. Esto implicaba:

- consultar con anterioridad a referentes clave (estacioneros y funcionarios de Mankhay) para seleccionar temas centrales a tratar en las 8 o 12 horas del encuentro;
- elaborar una agenda de temas, acciones y tiempos, y validarla con los referentes clave;
- ya en el encuentro, coordinar una actividad inicial orientada a romper el hielo y a que los participantes se conocieran entre sí (bloque 1);
- monitorear el empleo del tiempo, para no dejar pendiente algún tema importante;
- intervenir cuando alguna conversación se malograra o cuando alguno de los participantes se dirigiera a otro de un modo poco constructivo (descalificando, interrumpiendo sistemáticamente, levantando la voz).

b) Facilitación del contraste de perspectivas, en los bloques 2 y 3 del encuentro. Era el momento más tenso de la jornada ya que los desacuerdos entre estacioneros y Mankhay se manifestaban a veces muy enfáticamente. Por eso se lo conocía como "momento de catarsis". Los consultores nos encargábamos de:

- fijar reglas de conversación (para preguntar, emitir juicios, plantear desacuerdos) y cuidar que se respetaran;
- mediar en las conversaciones difíciles, ayudando a las partes a escucharse y a preguntarse;
- sintetizar los puntos de coincidencia y discrepancia.

c) Facilitación del logro de acuerdos en los bloques 5, 6 y 7. Aquí se trataba de ayudar a explorar alternativas de trabajo en conjunto y de coordinar acciones.

d) Facilitación de la reflexión. En algunos casos era preciso poner nombre a lo que estaba ocurriendo en el encuentro, permitir a la audiencia analizar su propia situación desde una óptica diferente y objetivando su propia participación. Este era el único caso en el que los consultores aportábamos contenidos. Nociones tales como "gestión colectiva del conocimiento", "características de los equipos de alto desempeño", "modelo evolutivo para analizar las prácticas organizacionales", "tipos de preguntas", "desempeño de la comprensión" y otras extraídas del management y las ciencias sociales en general servían para reorganizar el pensamiento de los participantes o para comprender mejor la situación.

e) Facilitación de la sistematización de las decisiones. Al finalizar la jornada, los consultores plasmábamos en una minuta los temas tratados haciendo constar las diferentes perspectivas, los acuerdos y los pasos a seguir en el futuro. Los funcionarios de Mankhay distribuían entre los asistentes esta minuta, que servía para llevar a la acción lo conversado. De esta manera, el contenido de cada encuentro, sintetizado y documentado, pasaba a integrar la memoria colectiva de la red.

Ideas centrales

Cómo se aprende a trabajar con otros

Si consideramos cualquier actividad relevante en nuestra sociedad (realizar una operación quirúrgica, brindar certificaciones académicas, comercializar productos, editar libros) podemos rápidamente advertir que: a) todas son *colectivas*, ya que ninguna persona se basta a sí misma para desarrollarlas, y b) *requieren la articulación de conocimientos de diversas índoles*, ya que nadie sabe todo lo necesario como para concretarlas.

Como hemos dicho, las organizaciones son instituciones creadas para llevar adelante estas actividades complejas. Los individuos que las integran ponen su capacidad al servicio del conjunto para lograr un propósito común. Cada uno de ellos desempeña una tarea en particular y tiene a su cargo determinadas responsabilidades. Pero esas responsabilidades y tareas individuales pierden sentido si se desdibuja la misión colectiva a la que contribuyen.

En varias de estas organizaciones se alude permanentemente al "trabajo en equipo". Las capacidades para lograr acuerdos y trabajar con otros forman parte del desempeño esperado en casi cualquier puesto de trabajo, y son condiciones personales altamente valoradas en los procesos de selección de personal. En línea con esta valoración positiva, y con el fin de favorecer la coordinación de personas y tareas, es común que se promueva la implementación de cursos de comunicación o de trabajo en equipo. Sin embargo, son muy pocos los casos en los que puede advertirse una mejora en el desempeño organizacional atribuible a tales cursos. Como el desempeño organizacional no mejora y las dificultades para coordinar acciones persisten, se reeditan los cursos, esta vez con nuevos instructores y diseños educativos de avanzada. A estos instructores y diseños seguirán otros, y luego otros, porque el error no está en el curso en sí, sino en la idea de que debería resolver los problemas de coordinación interindividual.

La enseñanza del trabajo en equipo en las organizaciones está concebida sobre la base de dos supuestos que convendría al menos revisar. Uno de ellos da por sentado que *los conceptos y las prácticas que se desarrollan en el aula de capacitación son idénticos a los que se requieren en el puesto de trabajo.* En contra de este supuesto, los mismos participantes manifiestan que lo que en el aula parece simple y factible, en el puesto de trabajo parece costoso y artificial. De hecho, en el contexto real de la tarea, variables tales como el uso del tiempo, el tipo de actividad, el tipo de recursos materiales, las reglas tácitas o explícitas y las relaciones interpersonales conforman una trama compleja que condiciona la índole de las habilidades necesarias para trabajar en conjunto. Un equipo de diseñadores de software no funciona igual que una línea de montaje o una fuerza de ventas. Probablemente un curso de trabajo en equipo brinde orientaciones y ayude a reflexionar, pero no constituye un traje a medida para ninguna de estas u otras configuraciones de equipos.

El otro supuesto que debería analizarse es aquel según el cual *un equipo competente equivale a una suma de personas competentes*: si A, B y C trabajan juntos y cada uno de ellos asiste a un curso de trabajo en equipo, entonces su desempeño colectivo mejorará. Este razonamiento pierde de vista el hecho de que para obtener resultados grupales se necesita algo más que personas: se necesita establecer nexos entre las personas de manera que sea posible su ensamble. Al hablar de nexos ya no estamos centrando el foco en el individuo, sino en la coordinación interindividual, factor clave para el desempeño de la organización.

Los cursos para aprender a trabajar en equipo, por lo tanto, no parecen constituir la mejor opción para fortalecer el emprendimiento colectivo que la organización o las redes de negocios pretenden concretar. Porque no brindan lo que las personas necesitan aprender para integrar equipos *reales* y porque su destinatario es el individuo y no la interfaz entre individuos. Entonces, ¿cómo se aprende a trabajar con otros? Se aprende a trabajar con otros justamente *trabajando con otros*. Así como una orquesta mejora su performance en los sucesivos ensayos, o un cuadro de fútbol en los entrenamientos, un equipo de trabajo aprende haciendo y reflexionando permanentemente sobre su hacer. Red Nuevo Milenio aprendió a constituirse como red de negocios operando como tal. Los encuentros de intercambio sirvieron para poner en palabras los obstáculos, los logros, las nuevas ideas. Pero el principal aprendizaje no se producía en este ámbito sino en el día a día, al coordinar las acciones individuales para llevar a los hechos lo acordado.

El aprendizaje colectivo

¿Podemos sostener la idea de "aprendizaje colectivo", es decir, un sujeto interindividual que aprende? La pregunta tiene sentido. Estamos habituados a entender el aprendizaje como algo que ocurre dentro de la mente de las personas y a englobar todo aquello que sucede fuera de la mente, pero relativamente cerca, bajo el nombre de "contexto". Hablamos así de "contexto de aula", "contexto socioeconómico", "contexto organizacional", como si habláramos de recipientes que sólo contienen y rodean al individuo. Sin embargo, en las últimas dos décadas están cobrando fuerza las perspectivas que cuestionan –desde la academia o desde la práctica en organizaciones– este abordaje.

En los ámbitos académicos, la idea de "cognición distribuida" desplaza el foco desde la mente individual hacia las redes que cada mente humana constituye con otras y con las herramientas disponibles (ideas, conceptos, lápiz, papel, computadoras, ábacos, libros, etc.). Cada individuo piensa en sociedad con otros y cuenta con la ayuda de herramientas e implementos que la cultura provee; no es la persona a secas quien aprende, sino la "persona plus"[5], el sistema de individuos y objetos interconectados. A la vez, desde la práctica en organizaciones se advierte que

> ... *el problema ya no es cómo socializar los aprendizajes individuales, sino de qué forma se construyen, se internalizan y se coordinan los aprendizajes colectivos. En las perspectivas clásicas no se suelen plantear estas cuestiones. Parecen operar, en ellas, supuestos fuertes que parten de una metáfora de la organización como una máquina comandada por objetivos (Morgan, 1986), en la que la enseñanza consiste en instrucciones para operar correctamente (...). Estas premisas pueden ser útiles en contextos relativamente estables (...), pero no logran capturar aquellas situaciones dinámicas, las más comunes en nuestro tiempo, en las que el conocimiento es un producto más que un insumo de la organización"*[6].

Ambos abordajes comparten la idea de que es preciso cambiar la unidad de análisis: dejar de pensar predominantemente en individuos y, en cambio, centrar la atención en las colectividades. En cuanto a cuáles son esas colectividades a las que debemos atender, diversos autores brindan respuesta. Algunos –como Katzenbach y Smith (1996)– aluden al aprendizaje de los equipos. Karl Weick (1979) se ocupa de las organizaciones: sostiene que es más correcto referirse no ya a la organización, como algo acabado y cosificado, sino al organizar como proceso permanente de construcción del sujeto colectivo y a la vez de aprendizaje. Para Etienne Wenger (2002), el sujeto colectivo capaz de aprender es la comunidad de práctica: un conjunto de personas que comparten un emprendimiento en común, una identidad dada por la pertenencia a la comunidad y un repertorio de recursos simbólicos y materiales. El caso que estamos analizando concibe como suje-

---

5. La distinción entre "persona a secas" y "persona plus" está tomada de Salomon, G.: *Cogniciones distribuidas. Consideraciones psicológicas y educativas*. Amorrortu, Buenos Aires, 2001.
6. Gore, E.: *Conocimiento colectivo*. Granica, Buenos Aires, 2003, p. 221-222.

to aprendiente a la red de negocios constituida por los estacioneros y los funcionarios de la empresa petrolera. De cualquier manera, y más allá de las diferencias específicas, lo importante aquí es que en todos los casos se trata de conjuntos de personas que mantienen intercambios en el hacer y el hablar en pos de un propósito en común.

Habiendo respondido ya la pregunta sobre la índole de un sujeto colectivo de aprendizaje, pasemos a considerar el proceso de aprendizaje colectivo. Como muestra el gráfico que sigue, en él podemos distinguir cuatro fases: la recolección individual de información, la integración e interpretación colectiva de la información, su retención, y su uso.

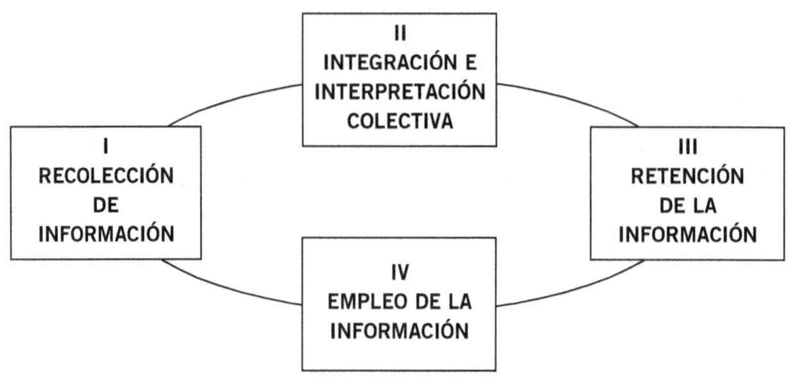

Gráfico 4. Fases del aprendizaje colectivo
Adaptación de un original de Nancy Dixon (*The Organizational Learning Cycle*. McGraw-Hill, Berkshire, 1994).

1. Fase de recolección de información

Cada individuo está en contacto con porciones diferentes del "afuera" y del "adentro" de la "colectividad" que integra. En Red Nuevo Milenio, algunos se encuentran cerca del cliente urbano y otros del cliente de ruta; algunos atienden a las nuevas tendencias del marketing, y otros, a la administración de los negocios; hay quienes son sensibles a los factores humanos y hay quienes se preocupan por anticipar los requerimientos tecnológicos. *Las personas actúan en esta fase como órganos sensoriales*, tomando registro de lo que desde su punto de vista pueda resultar significativo para proveer input al conjunto.

2. Fase de integración e interpretación colectiva de la información

Los aportes individuales se combinan en una estructura *diferente de la suma de las partes;* se ensamblan en un todo de manera que cada persona perciba y comprenda la relación de su registro con el de los demás. En los encuentros de intercambio, los registros individuales –así como también las perspectivas de los dos grupos inicialmente en colisión– son articulados y leídos a la luz del sistema de creencias (o "pensamiento colectivo") de la red. Tal sistema de creencias actúa como una lente para visualizar relaciones de causa y efecto entre los fragmentos de información que aportaron los individuos, identificar posibilidades y riesgos, y delinear cursos de acción. Durante esta fase la capacidad primordial es el *procesamiento*, entendido como la aptitud para relacionar y asignar colectivamente sentido a la información obtenida.

3. Fase de retención de información

A fin de que la información procesada no se pierda, la colectividad debe abocarse a su sistematización y almacenamiento. Para esto es preciso definir cuestiones tales como el formato de almacenamiento (cómo organizar la información de modo que resulte útil a todos los integrantes), el contenido a almacenar (qué información es relevante y comprensible), la posibilidad de acceso a la información (quiénes pueden acceder a qué, cómo y cuándo). La información almacenada es guardada en forma de documentos, minutas de reunión, bases de datos, procedimientos escritos o pautas tácitas para la acción. Así como en la fase anterior la capacidad central es el *procesamiento,* en esta tercera fase resulta clave la *capacidad para retener y recordar.*

4. Fase de uso productivo de la información

La información que no se utiliza es conocimiento inerte. Por eso, la capacidad central que la colectividad debe poner en juego durante la cuarta fase es la de *tender puentes entre las ideas y las acciones.* En los encuentros de intercambio, dicha función la cumplían las conversaciones orientadas a definir quién hace qué, cómo, cuándo y con qué resultado esperado.

Mientras mayor es el compromiso de los individuos durante las tres primeras fases, mayor suele ser el grado de coherencia entre las decisiones y acciones de todos. La identidad colectiva impregna la forma en que los individuos piensan y actúan ya que cada uno de ellos lleva en la mente, la red de vínculos construida entre todos.

¿Qué se puede hacer?

En línea con las ideas centrales desarrolladas presentaremos dos tipos de prácticas o herramientas facilitadoras del aprendizaje colectivo. El primer tipo es el de las orientadas al *fortalecimiento del sujeto colectivo,* es decir, al desarrollo de las capacidades colectivas de procesamiento, almacenamiento y transferencia de la información a la acción que cada individuo aporte. Las otras apuntan a la *promoción de la disonancia,* a estimular la revisión –colectiva y permanente– de la propia práctica y los supuestos en los que esta se apoya.

El fortalecimiento del sujeto colectivo

Al contribuir al fortalecimiento del sujeto colectivo, estamos ayudando a la constitución de un "nosotros" que hace y piensa en conjunto. Consideremos algunos instrumentos que pueden resultar útiles.

a) Encuentros de fortalecimiento

Son reuniones para analizar colectivamente el "nosotros": la práctica, el grado de compromiso mutuo, lo que se aspira a concretar entre todos y el repertorio de recursos disponibles. Quien coordina estos encuentros –por lo general un facilitador externo– suele armar una agenda de trabajo orientada tanto a la reflexión como a la toma de decisiones respecto de cómo seguir adelante. El cuadro 3 sintetiza el temario de uno de estos encuentros de fortalecimiento, que Red Nuevo Milenio comenzó a implementar para intensificar el proceso colectivo de aprendizaje.

b) Guía para sistematizar las prácticas efectivas

Consiste en un conjunto de pautas para documentar las soluciones que permitieron lograr los resultados esperados. Ayuda a reflexionar sobre la experiencia (factores críticos de éxito y obstáculos principales que se presentaron, tanto en el adentro como en el afuera del sujeto colectivo) y a retenerla de manera que esté disponible para su uso en el futuro.

c) Pasantías breves

El desempeño temporario de una tarea diferente de la acostumbrada le permite a cada persona leer la práctica colectiva con una perspectiva distinta. Así, cada individuo profundiza su comprensión acerca del modo en que su contribución específica se vincula con la de los demás.

La promoción de la disonancia

Al promover la disonancia buscamos relativizar el "nosotros", poner en cuestionamiento sus premisas básicas de pensamiento de modo que no quede preso de sus propias certezas. El contraste entre el sistema de creencias propio y el de otros sujetos colectivos ayuda a desnaturalizar lo que damos por sentado y consideramos normal. Nuestras acciones y supuestos se convierten en objeto de reflexión

Cuadro 3. Temario de un encuentro de fortalecimiento en la Red Nuevo Milenio.
Elaboración propia.

Fase	Preguntas para la reflexión
1. Recolección individual de información	• ¿Las personas son conscientes de su aporte al conjunto? • Más allá de su tarea específica, ¿están dispuestas a brindar un aporte significativo al conjunto en términos de información, abordaje, perspectiva o saber hacer? • ¿Qué se puede hacer entre todos para que cada persona se sienta parte del conjunto, y en condiciones de aportarle?
2. Integración e interpretación colectiva de la información	• En el intercambio de información o puntos de vista entre las personas, ¿son contempladas todas las voces que tengan algo que aportar? • ¿De qué manera se promueve que las personas sean conscientes de lo que tienen en común y de lo que las diferencia? • ¿De qué manera se aprovechan las diferencias como fuente de enriquecimiento personal o colectivo?
3. Retención de la información	• ¿Dónde reside el conocimiento acumulado? ¿Principalmente en el *hacer* (en forma de pautas y rutinas tácitas), o principalmente en forma de documentos o normas escritas? • ¿De qué manera se facilita el acceso de las personas al conocimiento acumulado, especialmente en el caso de los nuevos miembros que se integren? • ¿De qué manera se cultiva en los nuevos miembros el respeto por el conocimiento acumulado?
4. Uso de la información	• ¿De qué manera el conocimiento acumulado se utiliza para la resolución de problemas en el presente? • ¿De qué manera se cuida el equilibrio entre el uso del conocimiento acumulado y la invención de cursos de acción desconocidos? • ¿De qué manera el conocimiento acumulado ayuda a seguir aprendiendo, individual y colectivamente?

175

y, eventualmente, de análisis crítico y cambio. Los talleres de acuerdos, el corretaje, los encuentros generacionales y la apertura de periferias constituyen algunas opciones usuales.

a) Talleres de acuerdos entre equipos

Son encuentros en los cuales dos equipos cuyas perspectivas suelen ser aparentemente inconciliables (como puede ocurrir con Marketing - Producción, Sede Central - Sucursales, Ventas - Análisis de Riesgo Crediticio) procuran arribar a un diagnóstico compartido y advertir acuerdos y desacuerdos en torno a una cuestión. Si estos talleres se llevan a cabo periódicamente, cada parte comprenderá mejor el punto de vista de la otra y podrán comenzar a coordinar acciones consensuadas.

b) *Brokering* o corretaje[7]

El *brokering* es una "práctica articuladora de prácticas". El *broker* es el individuo que transfiere componentes (ideas, conceptos, enfoques) de un sujeto colectivo a otro, porque de algún modo forma parte de ambos o los comprende lo suficiente. Así, brinda a cada uno nuevos elementos para revisar su quehacer y ayuda a establecer conexiones. Es cierto que todos somos miembros de diferentes grupos o equipos, por lo cual, potencialmente, podríamos desempeñarnos como *brokers*. Sin embargo, el ejercicio de esa función requiere una serie de capacidades: para integrar, para generar condiciones de aprovechamiento de la diversidad y para estimular la fertilización cruzada entre grupos.

c) Encuentros generacionales[8]

Quienes acaban de ingresar a un equipo u organización se van incorporando progresivamente, a través de la parti-

---

7. La idea está tomada de Wenger, E.: *Comunidades de práctica. Aprendizaje, significado e identidad*. Paidós, Barcelona, 2002.
8. Para profundizar en la relación entre participantes plenos y recién llegados, recomendamos consultar *Situated Learning. Legitimate peripheral participation*, de Lave, J. y Wenger, E. (Cambridge University Press, NY, 1991).

cipación en actividades periféricas (con riesgo acotado para ellos y para la comunidad) pero a la vez legítimas (relevantes para la práctica colectiva). Estos encuentros generacionales son, por naturaleza, conflictivos. Entre participantes antiguos y nuevos hay una asimetría de poder a favor de los primeros, dada por el peso del conocimiento acumulado; pero, al mismo tiempo, los antiguos miembros saben que serán los nuevos quienes los reemplacen y en algún momento ocupen su lugar. De cualquier manera y pese al conflicto –o quizás como consecuencia de este–, unos y otros aprenden. Los nuevos aprenden los componentes y criterios de la práctica colectiva. Los antiguos aprenden a revisar la vigencia del conocimiento acumulado, y a la vez toman contacto con perspectivas diferentes.

d) Apertura de periferias[9]

Un sujeto colectivo puede proporcionar a otros la posibilidad de participar en experiencias periféricas, esto es, que permitan comprender algunos de los elementos de la práctica colectiva sin que esto implique una inmersión completa. Los juicios públicos, los ensayos de orquesta públicos y la apertura de los laboratorios de investigación a las escuelas en los museos de ciencias constituyen algunos ejemplos. Los visitantes aprenden al tomar contacto con la periferia de una práctica colectiva con la que no tienen contacto habitual; los anfitriones, a su vez, aprenden a partir de las perturbaciones (la reacción, las apreciaciones, los errores de interpretación) que los visitantes generan en el flujo normal de acontecimientos.

El fortalecimiento del sujeto colectivo y la promoción de la disonancia –los dos tipos de prácticas que hemos descrito– no guardan una relación de secuencia temporal. No se trata de consolidar el "nosotros" primero, para relativizarlo después. Se trata más bien de un juego entre mirar

---

9. La idea está tomada de Wenger, E.: *Op. cit.*

hacia dentro y mirar hacia fuera. Al centrar la atención en el afuera, la red cultiva su capacidad de respuesta al entorno. Al orientarse al adentro, incrementa y refina la coordinación interna necesaria para operar.

Bibliografía

Argyris, C.: *Cómo vencer las barreras organizativas*. Díaz de Santos, Madrid, 1993.

Chaiklin, S. y Lave, J. (Comp.): *Estudiar las prácticas. Perspectivas sobre actividad y contexto*. Amorrortu, Buenos Aires, 2001.

Dixon, N.: *Common Knowledge*. Harvard Business School Press, Boston, 2000.

————— *The Organizational Learning Cycle*. McGraw-Hill, UK Berkshire, 1994.

Gladstone, B.: *From Know How to Knowledge*. The Industrial Society, London, 2000.

Gore, E.: *Conocimiento colectivo*. Granica, Buenos Aires, 2003.

Gore, E. y Dunlap, D.: *Aprendizaje y organización. Una lectura educativa de teorías de la organización*. Granica, Buenos Aires, 2006.

Gravano, A.: "Antropología práctica: muestra y posibilidades de antropología organizacional". En *Publicar en Antropología y Ciencias Sociales*, Buenos Aires, N° 1, año 1, 1992, p. 95-126.

————— "La imaginación antropológica, interpelaciones a la otredad construida y al método antropológico". En *Publicar en Antropología y Ciencias Sociales*. Buenos Aires, 5, IV, 1995, p. 71-91.

Hamel, G. y Prahalad, C.: *Compitiendo por el futuro*. Ariel, Buenos Aires, 1994.

Hurst, D.: *Crisis y renovación*. Temas Grupo Editorial, Buenos Aires, 1995.

Katzenbach, J. y Smith, D.: *La sabiduría de los equipos*. Díaz de Santos, Madrid, 1996.

Lave, J. & Wenger, E.: *Situated Learning. Legitimate peripheral participation*. Cambridge University Press, New York, 1991.

Salomon, G. (Comp.): *Cogniciones distribuidas. Consideraciones psicológicas y educativas*. Amorrortu, Buenos Aires, 2001.

Senge, P.: *La quinta disciplina en la práctica*. Granica, Buenos Aires, 1995.

Weick, K.: *The Social Psychology of Organizing*. Random House, New York, 1979.

Wenger, E.: *Comunidades de práctica. Aprendizaje, significado e identidad*. Paidós, Barcelona, 2002.

LA HISTORIA DE TIENDAS FAMILIARES: EVALUAR, APRECIAR, ENTENDER

El tema aquí es cómo encarar la evaluación de un programa de formación de manera que contribuya no sólo al aprendizaje de los destinatarios, sino también de la organización.

A la hora de evaluar programas de capacitación, la práctica más extendida es la que busca comparar el estado inicial con el estado final de quienes son formados. No obstante, esta modalidad de evaluación está actualmente sujeta a revisión y crítica. Se la acusa de sostener e impulsar el uso de herramientas –algunas sumamente sofisticadas– objetables en cuanto a validez y confiabilidad, de formular recomendaciones poco factibles, y de brindar información poco relevante en relación con los logros de los programas. Ante estas críticas, ciertas prácticas alternativas van surgiendo tímidamente como respuesta a necesidades específicas en contextos específicos. Nos interesa aquí relatar una de ellas: la de Tiendas Familiares[1]. Intentaremos mostrar cómo la evaluación del Programa de Formación de Gerentes de Local brindó una contribución mucho más rica que la simple comparación antes-después en un grupo de

---

1. En esta experiencia los autores hemos tenido la ocasión de intervenir como consultores externos.

aprendices. Ayudó a fortalecer la coordinación interna al integrar grupos aparentemente inconciliables, a la vez que disparó la revisión colectiva de los procesos de trabajo.

El caso

El supermercado Tiendas Familiares nació en 1965, cuando un pequeño comercio minorista ubicado en la zona norte del Gran Buenos Aires cambió su forma de comercialización para transformarse en un autoservicio. En 1969 se inauguró el segundo local, y a partir de entonces la cadena continuó creciendo a ritmo constante durante 30 años. En diciembre de 1996, cuando contaba con 25 locales, un grupo inversor adquirió el paquete accionario y dio un fuerte impulso a la expansión. Así, a fines de los '90 Tiendas Familiares contaba con 60 locales y casi 10.000 empleados.

El Programa para Gerentes de Local: sus orígenes

Podemos situar el surgimiento del Programa de Formación para Gerentes de Local cerca de un año después de que el grupo inversor adquiriera el paquete accionario. Se trataba de un momento "movido" en varios sentidos: los clientes se tornaban cada vez más exigentes en cuanto a productos y especialmente en cuanto a servicios, la competencia había iniciado un agresivo proceso de expansión y nuevas cadenas estaban instalándose en el país. A la vez, en la industria del consumo masivo disminuían los márgenes de rentabilidad, se incrementaban las ofertas de productos y servicios, y se modificaban los acuerdos y procesos con proveedores.

No obstante, duplicó su volumen de operaciones. Este crecimiento fue acompañado por una serie de cambios en la empresa, sin los cuales el crecimiento habría resultado equivalente a un caótico e incontrolable aumento de tamaño.

- Se modificó el organigrama de la compañía. De una estructura basada en las relaciones interpersonales informales, se pasó a una estructura racional por funciones.
- Se incorporaron áreas y departamentos para las actividades centralizadas (Compras, Promoción y Publicidad, Desarrollo de RR.HH., etc.), y para desempeñarse en la nueva estructura se convocó a profesionales universitarios o posgraduados.
- Se modificaron los roles y las tareas de los actores organizacionales, con lo cual cambiaron el tipo y nivel de competencias necesarias para la gestión.
- Se establecieron herramientas básicas de trabajo: Cuadro de Resultados, Cuadro de Presupuesto, Sistema de Información Gerencial, Descripción de Puestos.

Como suele ocurrir, todos estos cambios –iniciados con la llegada de los nuevos accionistas– estuvieron teñidos por la inquietud. La gente se preguntaba qué ocurriría con el futuro de la empresa y cuál sería el grado de estabilidad en el empleo. Eran preguntas válidas. El tipo de saber apreciado en la compañía del propietario anterior (don Daniel) era el saber práctico; la modalidad de transmisión de ese saber era el "ejemplismo", según palabras de los colaboradores más antiguos; y los valores reconocidos eran la lealtad, la honestidad y la cercanía en las relaciones interpersonales. ¿Qué planes tendrían los nuevos accionistas extranjeros? ¿En qué medida arrasarían con todo lo anterior, llevándose sueños, proyectos y modos de vida fuertemente asociados a don Daniel?

Por otra parte Tiendas Familiares funcionaba, pese a su tamaño, como un gran almacén. La capacidad de don Daniel y sus colaboradores había hecho posible que durante más de 30 años el negocio continuara creciendo, aun sin contar con las herramientas más elementales de la administración racional: organigrama, descripciones de puestos y tareas, procedimientos formales, presupuesto, objetivos asociados al desempeño, planes de desarrollo. Los gerentes de locales comenzaban su carrera como repositores, sin necesidad de haber finalizado la escuela media. La lealtad, la honestidad, la capacidad para las buenas relaciones, las habilidades para la reposición y la exhibición en estanterías, eran los requisitos para la promoción a jefe de sector. El escalón superior era el de gerente de local.

¿Cómo se compatibilizaría este perfil de empresa familiar, sensible a los afectos y a los valores, con el perfil académico-empresarial y orientado a la gestión racional de los nuevos accionistas? ¿Cómo evitar la brecha entre "los profesionales de la Administración central" y "los ejemplistas de la operación"? ¿Cómo ligar la "gestión asociada a vínculos personales" con la "gestión por resultados"? La Gerencia de RRHH comenzó a pensar en un diseño de organización que distribuyera, estructurara y tornara más racional la toma de decisiones, estuviera a tono con el nuevo escenario, y a la vez permitiera conservar lo bueno de lo viejo.

En este diseño, la figura de los gerentes de locales resultaba clave. Tradicionalmente, su función había consistido, en sus propias palabras, en "apagar incendios y hacer lo que nos decían". En la nueva estructura, tendrían que llevar adelante el local a su cargo atendiendo a todas las variables que la administración de un supermercado implica (personas, presupuestos, espacios, ventas, promociones, productos, seguridad). La Administración central, antes encargada de fijar pautas a ser ejecutadas en los locales, ahora tenía que cumplir funciones específicas (negociar acuerdos con proveedores, concretar acciones promocionales, optimizar la distribución centralizada, definir el presupuesto, generar información de gestión, etc.). Si el gerente de local no se ocupaba *integralmente* de la sucursal a su cargo, nadie lo haría.

Por otra parte, también la nueva estructura exigía instalar buenas interfaces entre locales y las actividades centralizadas a cargo de la Administración central. De otra manera, la brecha cultural se ensancharía y comenzaría a afectar los resultados. El propósito del programa que acordaron Recursos Humanos y Operaciones (área que tenía a su cargo el funcionamiento de todos los locales) fue la reconversión de los gerentes de local. Esto implicaba el desarrollo de capacidades para:

- comprender el funcionamiento del local y su relación con los procedimientos de compra, logística, distribución;
- comprender la contabilidad de la empresa y del local;
- analizar, proponer e implementar acciones en base a los reportes económicos y financieros del local;
- supervisar el funcionamiento de los diferentes sectores de los locales;
- analizar la zona de influencia del local, considerando clientes, no clientes y competencia a fin de elaborar propuestas para promociones;
- formar al personal del local para proveer a la compañía cuadros de reemplazo necesarios para la expansión;
- analizar el desempeño de los colaboradores;
- supervisar la limpieza, la exhibición, el manejo de los stocks y el orden.

Componentes del Programa de Formación para Gerentes de Local

Los responsables de las distintas áreas participaron como instructores, diseñadores, evaluadores o informantes. Nadie quedó afuera. Por eso el programa ofició como disparador de ocasiones para lograr acuerdos entre los locales y la Administración central, y como oportunidad para la difusión de las mejores prácticas entre locales.

Analicemos uno a uno los componentes de este programa y su finalidad.

a) Taller inicial de gerentes de Administración central

Durante una jornada, todos los gerentes de Administración central conversaron acerca de qué necesitaban saber para administrar efectivamente su local y cómo podían aprenderlo. Como derivación, surgieron en este taller advertencias sobre el efecto que el cambio de rol de estos gerentes generaría en la Administración central. También surgió de este taller un Comité de Programa, un equipo cuyos integrantes –seleccionados a partir de la autopostulación– se encargarían de efectuar la evaluación del programa y de identificar qué mejoras era preciso introducir en la capacitación.

b) Cursos en aula, de uno o dos días

Cada gerente de área de Administración central, ayudado por Capacitación y dos consultores externos, diseñó un curso destinado a enseñar a los gerentes de local los criterios con los que su área trabajaba. Los cursos que integraron el programa se desprendieron de lo que se esperaba del gerente de local en su nuevo rol:

- conducción de equipos de trabajo;
- contabilidad, control de gestión y presupuesto;
- compras, logística y distribución;
- promoción y publicidad;
- higiene y seguridad;
- selección y armado de dotación;
- liderazgo de la calidad de servicio.

En estos cursos, los gerentes no sólo aprendían el tema que el gerente de área enseñaba. También se planteaban problemas de gestión que ponían de manifiesto discrepancias entre lo deseable (lo que se enseñaba) y lo real (el día a día). Surgían, como consecuencia, equipos específicos para el tratamiento de problemas (por ejemplo, para resolver el quiebre de stock). Además, dos subculturas diferentes como eran las de locales y administración –inicialmente muy poco permeables una a la otra– se escuchaban mutuamente y comenzaban a generar abordajes compartidos.

c) Capacitación en el puesto

Los gerentes regionales (jefes directos de los gerentes de locales) identificaron que dependía de ellos, en gran medida, que estos últimos terminaran de comprender y transfirieran a la tarea lo aprendido en los módulos. Por tanto, asumieron el rol de acompañar la transferencia[2]. Ellos mismos diseñaron sus herramientas de capacitación en el lugar de trabajo (como la *Planilla de control* o el *Manual del gerente*) y oficiaron de nexo entre el aula y el puesto.

d) Comité de Programa

El comité quedó constituido en el taller inicial al que hicimos referencia como primer componente del programa. Se trataba de un pequeño grupo compuesto por siete miembros: el gerente de Contaduría, dos gerentes regionales, el gerente de Sistemas, el gerente de Capacitación y dos consultores externos. Se reunía cada 30 días, y su función consistía en efectuar una evaluación sobre la marcha del programa: sus logros, su efecto en la compañía, aspectos a mejorar y otras acciones que deberían encararse. El comité operaba del siguiente modo:

1. el gerente de Capacitación y los consultores preparaban una agenda de reunión y la enviaban a sus integrantes con anticipación;

---

2. Entendemos por "transferencia" la puesta en acción de lo aprendido en un contexto, en otro contexto diferente.

2. cada uno de los integrantes del comité reunía datos para llevar a la reunión conversando con empleados y clientes, observando los locales, consultando informes de gestión;

3. en cada una de estas reuniones, los gerentes regionales (jefes directos de los gerentes de locales, destinatarios del programa), que integraban el comité, relataban los cambios que iban observando en el desempeño de los gerentes de locales. De estos cambios se iban desprendiendo modificaciones que tendrían que operarse en la gestión de la Administración central o en la interfaz entre esta y locales: "Si queremos que optimicen los costos de los sectores, deberíamos darles parámetros de lo que significa 'buen costo' en un sector tipo", "Si queremos que deleguen, deberíamos revisar si tienen en quién delegar";

4. los otros miembros contribuían en la búsqueda de indicadores de logro, a partir de la información que cada uno había recolectado, y aportaban sus observaciones;

5. finalizada la reunión, se elaboraba una minuta y se distribuía entre los integrantes del comité; esta minuta constituía el punto de partida para armar la agenda de la reunión siguiente.

Logros del Programa de Formación para Gerentes de Local

En la reunión de cierre de la primera etapa del programa, el comité enunció los siguientes logros:

- Los gerentes de locales estaban revisando su propio modelo de conducción, pasando de un estilo centrado en la recepción de instrucciones a un estilo más centrado en la formulación de preguntas calificadas y en la elaboración de proyectos.

- Los gerentes regionales (jefes directos de los gerentes de locales) señalaban haber cambiado su propio rol: "Antes dábamos deberes y verificábamos que se cumplieran. Ahora nos reunimos con cada gerente de local y le preguntamos: '¿Qué tenés para proponerme y qué tenés para preguntarme?'".
- La Administración central había detectado mejoras considerables en la cantidad y calidad de la información emitida por los locales.
- Los gerentes de locales estaban pudiendo plantear sus propias necesidades y problemas a los especialistas de Administración central que les dictaban los módulos. A veces, como en el caso de Compras, estos debates surgidos durante el dictado del módulo devenían en equipos de gestión para el tratamiento de problemas específicos.
- Había aumentado el número de propuestas e iniciativas (de promoción y exhibición, por ejemplo) generadas en los locales.
- Algunos de los gerentes de locales estaban reasignando tareas y responsabilidades de una manera realmente efectiva.
- Las áreas centrales también estaban demandando capacitación, para poder acompañar el cambio y que este no quedara acotado a los locales.
- Los gerentes de locales estaban utilizando la información contable para tomar decisiones sobre el presupuesto.
- Toda la compañía estaba revisando la manera de trabajar. Se estaban definiendo, promovidos por demandas de los gerentes de locales, normas y procedimientos de trabajo.
- Sin la capacitación recibida, habría sido imposible que los gerentes se orientaran al cumplimiento de los objetivos. Sin un módulo de Contabilidad, sin

acompañamiento en el puesto, sin analizar la relación sueldos-ventas en los módulos de RR.HH., sin entender el procedimiento de Compra y Distribución, los gerentes no habrían tenido elementos para cumplir con los objetivos. El programa, entonces, era el instrumento básico para que lo que se pedía a los gerentes (que comprendieran y cumplieran los objetivos por cuyo cumplimiento se los premiaba) fuera viable.

Análisis del caso

Reflexionemos ahora sobre la modalidad de evaluación del programa. Vamos a detenernos en *quién* evalúa (el sujeto evaluador), en el *para qué* de la evaluación (la finalidad, el propósito) y en el *cómo* (el proceso de evaluación y los instrumentos).

Quién evalúa

Es importante tener en cuenta que quien llevó a cabo la evaluación en Tiendas Familiares no fue un individuo sino un conjunto de individuos integrados en el Comité de Programa. La constitución de este comité merece especial atención: se cuidó que en él estuvieran representadas las diferentes voces más estrechamente vinculadas con la capacitación de los gerentes de locales y con el desempeño esperado por los nuevos accionistas. Revisemos cuáles son esas voces.

- **Dos gerentes regionales**
  Los gerentes regionales eran los supervisores directos de los gerentes de locales. Habían ingresado a Tiendas Familiares como repositores y habían hecho carrera junto con don Daniel. Estaban –al igual que los gerentes de locales– recelosos del ingreso de los profesionales; pero a la

vez trabajaban en el edificio de la Administración central, en directa relación con ellos, y comprendían las dificultades que el estilo de gestión de los locales generaba a la hora de instalar y estandarizar los procesos de Compras y de Control de Gestión. Por tanto, los gerentes regionales que integraban el Comité de Programa llevaban dentro de su mente a varios interlocutores imaginarios: al personal de los locales, a los ejemplistas, a los nuevos accionistas que impulsaban los cambios y a los profesionales de Administración central que intentaban concretar tales cambios. Esta coexistencia de perspectivas les daba, por momentos, la facilidad de intervenir en el comité articulando los puntos de vista de los demás; pero por otra parte los tensionaba el temor de ser percibidos como desleales por los unos o por los otros.

- **El gerente de Sistemas**

También integraba el grupo de los ejemplistas incorporados por don Daniel. Pero el área que conducía era una de las principales protagonistas del cambio, ya que se le había encomendado el monitoreo de la estandarización de los procesos de Administración, con miras a elaborar un sistema de información gerencial centralizador de la información de toda la empresa. Esta doble lealtad también lo tensionaba, y a la vez le facilitaba la comprensión de las diferentes perspectivas.

- **El gerente de Contaduría**

Recién ingresado a la compañía, era portavoz de los profesionales que encontraban temor y resistencia en los locales. Al área de Contaduría se le había encomendado la misión de controlar indicadores económico-financieros completamente nuevos, para lo cual necesitaba recibir información confiable por parte de los gerentes de locales. Por eso se autopostuló como integrante del comité: para entender cuál era la mejor manera de interactuar con los locales, y así obtener los reportes que su tarea le requería.

* **El gerente de Capacitación**

También integraba el grupo de los profesionales. Se había incorporado a la empresa para implementar el cambio de estructura y facilitar la adaptación a las nuevas reglas. No obstante, su contacto frecuente con la dotación de los locales (a través de la organización de partidos de fútbol, de reuniones con delegados, de aperturas de nuevas sucursales) lo había llevado a posicionarse como interlocutor preferido por los gerentes de locales. Ir a Capacitación era para ellos algo así como asistir a una sesión de terapia. Por eso el gerente de Capacitación, al igual que los gerentes regionales, estaba en condiciones de interactuar fluidamente con los ejemplistas y con los profesionales, con el propietario saliente y con los nuevos accionistas. Sin embargo, a diferencia de los gerentes regionales, la doble lealtad no le generaba tensiones.

* **Los consultores externos**

Representábamos la perspectiva técnica propia de la capacitación laboral. Nuestra preocupación era ensamblar las características, los temores, intereses, creencias y prácticas del sujeto de aprendizaje (los gerentes de locales, ejemplistas en su manera de pensar, sentir y actuar) con los de los sujetos de enseñanza (los profesionales responsables de sistematizar y transmitir los fundamentos del nuevo modelo de gestión). En línea con este propósito, sugeríamos alternativas para el programa, documentábamos las acciones de formación, conducíamos las reuniones del comité y elaborábamos las minutas. No negamos que alguna vez nos sentimos tentados de aprovechar el lugar de expertos que se nos asignaba para agilizar las decisiones o para interceder a favor de alguna postura hacia la cual nos sintiéramos emocionalmente cercanos. Después de todo, los consultores somos personas que apreciamos subjetivamente los hechos… al igual que cualquier ser humano. No obstante, cuando nuestro rol en el comité fue comprendido, los demás integrantes evitaron pedirnos arbitraje y comenzaron a requerirnos opinión técnica de las opciones que surgían.

Estamos, entonces, ante un evaluador colectivo integrado por 7 individuos portadores de perspectivas diversas. Cabe que nos preguntemos si esta manera de evaluar era la única posible. Desde ya que no. Podríamos haber adoptado un modelo más simple, afín con lo que proponen los autores de lectura más frecuente: implementar pruebas de aprendizaje que verificaran el cumplimiento de los objetivos previstos para cada módulo, o comparar el desempeño de un grupo experimental (gerentes de locales que recibieron capacitación) con el de un grupo de control (gerentes de locales que no fueron capacitados), o enviar una auditoría a los locales para constatar que el contenido de los módulos se plasmara en acciones. Sin embargo, se eligió una modalidad de evaluación compleja, colectiva y polifónica. ¿Por qué?

- Porque mientras más complejo es el ente a evaluar, más necesario es contar con una multiplicidad de registros… y el Programa de Formación de Gerentes de Local en Tiendas Familiares no se presentaba como simple.
- Porque la lectura de los resultados de un programa de capacitación supone, ante todo, definir qué se entiende por "resultados". Cuando el significado del término se define unilateralmente, la evaluación se transforma en una Torre de Babel. Así, alguien puede sostener que el programa dio resultado porque los destinatarios están conformes, a lo que otro puede responder que no dio resultado porque la empresa

no incrementó sus ventas. Un tercero puede agregar que el programa es bueno porque está vigente en el primer mundo y un cuarto puede aducir que el resultado es pésimo porque los participantes se quejaron del catering durante el almuerzo.

Ahora bien: ¿cómo se concilia la noción de "sujeto colectivo", que alude a una cierta coherencia en el seno del comité, con la multiplicidad de perspectivas? Es precisamente el equilibrio entre la homogeneidad y la diversidad uno de los principales desafíos en este tipo de abordajes.

Partimos de la diversidad de voces, del conflicto interindividual (incluso intraindividual, como en el caso del gerente de Sistemas o de los gerentes regionales) acerca de las expectativas sobre el programa, sus debilidades y las restricciones organizacionales que debía enfrentar. En las reuniones iniciales, los integrantes del comité presentaban extensos alegatos, representativos de las diferentes posiciones que cada uno de ellos encarnaba. Para algunos, los gerentes de locales nunca podrían estar a la altura de lo que se esperaba de ellos. Para otros, el cambio era pasajero y todo volvería a ser como antes. Para otros, los gerentes eran capaces de cualquier cosa siempre y cuando la Administración central no les pusiera trabas. Escuchándose, cada uno comenzó a modificar su propia perspectiva e incorporar ideas presentadas por los demás. El comité fue construyendo sus comunes denominadores, aquello que los unía más allá de las diferencias. Entonces fue posible compartir un criterio respecto de qué evaluar; así, el término "resultados" quedó definido como "cualquier modificación deseable (en las maneras de trabajar, en el ánimo, en las capacidades técnicas, en las relaciones) que pudiera ser atribuida al programa".

Más adelante quedó definido un conjunto de preguntas que la evaluación a cargo del comité debía responder.

- ¿Qué cambios genera el Programa de Formación para Gerentes de Local y en quiénes?
- ¿Qué aprenden los gerentes de locales?
- ¿Cómo lograr que los aprendizajes de los gerentes de locales se sostengan en el tiempo?
- ¿Qué otras personas o sectores deberían cambiar sus prácticas para que los gerentes de locales pudieran poner en acción y sostener lo aprendido?

Por consiguiente, el comité no restringió su análisis al programa y a sus destinatarios originales, sino que –por decisión propia y sobre la marcha– extendió su ámbito de indagación al arraigo del programa en la empresa y a la viabilidad de sus propósitos.

Para qué se evalúa

Revisemos brevemente algunas de las funciones de la evaluación de programas de capacitación laboral en empresas.

- A veces, como señala D. Kirkpatrick (autor del modelo más extendido en el campo, al menos en la Argentina), se evalúa con el fin de que el Departamento de Capacitación pueda demostrar su contribución a los resultados de la empresa. "Si demostramos a la Alta Gerencia que la capacitación tiene resultados tangibles, positivos, los formadores lograrán que su trabajo esté asegurado…"[3]
- También se evalúa para tomar decisiones sobre la continuidad o no de un programa, y sobre las modificaciones que el programa necesita (en el contenido, en la duración, en el perfil de los instructores, etc.).

---

3. Kirkpatrick, Donald: *Evaluating Training Programs. The Four Levels.* Berret-Koehler Publishers, San Francisco, 1994.

- En ocasiones, la evaluación equivale a las certificaciones de calidad de los productos: si podemos afirmar que el señor X reconoce billetes falsos sin ninguna dificultad, entonces sabemos que el señor X cumple con el requisito fundamental del puesto de cajero.
- La evaluación puede encararse con el propósito de prever acciones futuras de capacitación: una prueba para corroborar la comprensión al finalizar un curso puede orientar acerca de qué es lo más conveniente para ese grupo de participantes. Quizás necesiten actividades de formación complementarias, quizás necesiten profundizar en el contenido o quizás necesiten ejercitación en el puesto de trabajo.

Ninguna de estas funciones de la evaluación resultó central para el Comité de Programa. El comité se propuso fundamentalmente *entender:* entender qué cambios producía el programa (si es que generaba alguno) y en quiénes, y entender las discrepancias entre lo que se proponía y las posibilidades reales de llevar a la acción tal propuesta. Por supuesto que entender permitiría tomar decisiones, pero la clave para la toma de decisiones residía en la comprensión del programa *en su contexto.*

Todo hecho organizacional en el que intervienen personas es único. Se da en un determinado momento de la organización, con determinados individuos, en una cultura determinada. Así, para interpretar qué podemos considerar un resultado asociado al programa de formación, es imprescindible entender el contexto en que se produce. En Tiendas Familiares, 5 de los 7 miembros del comité integraban la empresa, vivían el cambio, y podían reconocer el gran valor de los pequeños logros. No habría ocurrido lo mismo si la evaluación se hubiera encarado desde afuera. Para quien no formara parte, que los gerentes de locales hubieran transformado sus miedos en iniciativas habría resultado poco relevante. Por eso contaba mucho la habilidad del Comité de Programa para transmitir los logros a otras personas de la empresa. En la transmisión, los miembros del comité hicieron algo más que informar y describir: *contaron una historia*. Comunicaron sus impresiones y fundamentos de manera que el sentido y el valor se tornaran claros también para quienes actuaban como espectadores.

Esta manera de encarar la evaluación es consistente con lo que expresa Santos Guerra: "La evaluación debe tener en cuenta no sólo a los sujetos sino también a las condiciones en que trabajan, los medios que tienen, el contexto en que realizan su actividad, el punto de partida…"[4]. Es relativamente simple tomar pruebas o auditar los locales para verificar la aplicación de lo que se enseña en los módulos. El verdadero desafío reside en atribuir significado a los hechos, entender qué hay detrás del puntaje de las pruebas o de los informes de Auditoría. El Comité de Programa estuvo a la altura del desafío. La apreciación en contexto fue lo que permitió que hechos aparentemente triviales fueran analizados como alteraciones cualitativas respecto de la situación inicial que la capacitación intentaba revertir.

Cómo se evalúa

En las prácticas de evaluación de programas de capacitación suele presentarse con cierta frecuencia lo que Donald Schön (1992) denomina "el dilema del rigor o la relevancia". Este dilema plantea una diferencia fundamental entre dos tipos de procedimientos para evaluar. Por un lado, están los procedimientos *rigurosos*: el evaluador sabe qué datos debe colectar, qué instrumentos utilizar y cómo

---

4. Santos Guerra, Miguel A.: *Evaluar es comprender*. Magisterio del Río de la Plata, Buenos Aires, 1998.

sistematizar la información obtenida utilizando un lenguaje formalizado y abstracto. Por otro lado, están los procedimientos que privilegian lo *relevante*. Su formato es confuso, los instrumentos no están predeterminados y, a menudo, el evaluador inicia su tarea ignorando cuáles son exactamente los datos que necesita reunir. La solución no se reduce a la simple aplicación de un instrumento; requiere la capacidad para combinar el saber experto con lo que la realidad vaya mostrando y para dar a conocer los hallazgos sin tergiversar su significado.

Entre las dos opciones, los profesionales del campo tienden a elegir el rigor, según la creencia de que los informes rigurosos (por lo general abundantes en cifras, porcentajes, gráficos de barras) situarán al área de Capacitación en un pie de igualdad con Finanzas, Comercialización o cualquier otro sector clave para el negocio de la compañía. La cuantificación forma parte de la actividad empresaria y el lenguaje de los números constituye la jerga corriente de los ejecutivos. ¿Cómo hablar de resultados sin aludir a cuestiones tales como "retorno de la inversión" o "análisis costo-beneficio"? Los departamentos de Capacitación suelen adoptar estas u otras expresiones –rigurosas, por cierto– en su afán por ganar el lugar de interlocutores válidos de las áreas de negocios. Así, del conjunto de logros que podrían reportar, seleccionan unos pocos: aquellos expresables mediante números (y por tanto, supuestamente rigurosos). Los informes de capacitación quedan entonces reducidos a una prolija enumeración de horas-hombre destinadas a la formación, costo por participante y cantidad de cursos por año y por sector. Otros logros, quizás mucho menos rigurosos pero seguramente más relevantes, jamás toman estado público, porque no pueden cuantificarse con tanta facilidad.

Afortunadamente, en Tiendas Familiares predominó la relevancia. La prioridad del comité fue la construcción de "lentes" compartidas para evaluar el programa. Esta construcción permitió a sus integrantes definir en conjunto cuestiones básicas como el concepto de "resultados", que, como dijimos, refirió a cualquier cambio deseable que pudiera ser asociado al programa. Probablemente algunos de estos resultados pudieran cuantificarse, como en el caso de un eventual aumento de las ventas, la reducción de costos o la disminución de reclamos. Pero recordemos que el problema principal de Tiendas Familiares no era cuantitativo sino cualitativo: los gerentes de locales debían aprender a emplear nuevas herramientas de gestión. Cuestiones tales como el vínculo entre los locales y la Administración central, el clima de trabajo o la iniciativa para familiarizarse con las herramientas nuevas resultaban sumamente relevantes y muy poco cuantificables.

Una vez acordado el tipo de resultados a considerar, el paso siguiente fue establecer cómo recolectar los datos que dieran cuenta de tales resultados. Se decidió llevar a cabo entrevistas a diferentes grupos relacionados con el programa (instructores, participantes, personal de locales y Administración central e incluso clientes), pero se concedió especial importancia a la *observación atenta* de cualquier cambio. Para acompañar la observación se diseñaron instrumentos simples como la *Planilla de control de locales* o la *Agenda de responsabilidades gerenciales*. No obstante, estos y otros instrumentos funcionaron sólo como apoyo. En las sucesivas reuniones los evaluadores del comité pudieron entrenar su mirada a fin de percibir sutilezas que habrían pasado inadvertidas para un observador menos atento.

Nos falta hacer referencia a la manera en que el comité comunicaba sus hallazgos al resto de la organización. Los informes de evaluación se proponían *ayudar a otros a entender lo que los evaluadores habían logrado entender*, es decir, proporcionar experiencia de segunda mano a los demás. Nunca tuvieron la pretensión de asemejarse a los complejos reportes cuantitativos elaborados por otros sectores.

Por el contrario, el lenguaje era llano, coloquial, rico en anécdotas y en transcripciones literales de frases o diálogos. La forma narrativa era la predominante, porque resultaba la más fiel a los datos. No se buscó artificialmente traducir los logros a estadísticas, aunque sí se intentó (especialmente para los reportes a integrantes del grupo accionista que estaban fuera de la compañía) asociar incrementos cuantitativos con el programa. Fue posible, por ejemplo, establecer una relación entre el programa y el hecho de que las ventas hubieran aumentado, pese al crecimiento de la competencia y a las limitaciones presupuestarias de los locales.

Ideas centrales

La evaluación es inherente al ser humano. Permanentemente estamos emitiendo juicios del tipo "me gusta", "no me resulta conveniente", "a la gente le es provechoso", etcétera. Todos estos y otros juicios se basan en un conjunto de premisas que orientan la mirada sobre el ente a evaluar: guían tanto la selección de aspectos que merecen ser tenidos en cuenta, como la forma de apreciarlos. En capítulos anteriores, llamamos a ese conjunto de premisas "teoría de la acción" y señalamos que es aquella que asigna sentido a lo que hacemos (y por tanto, a lo que dejamos de hacer), a lo que prestamos atención y a lo que valoramos.

El Programa de Gerentes de Local de Tiendas Familiares fue evaluado siguiendo los lineamientos de una teoría de la acción conocida como *evaluación cualitativa*. Dos de sus premisas centrales pueden enunciarse como sigue.

- La apreciación de cualquier individuo es siempre limitada, parcial. Nadie, ni el evaluador más avezado, es capaz de percibir todos los aspectos y matices que la entidad a evaluar (en este caso, el Programa de Formación de Gerentes de Local) ofrece.

- Respecto de un mismo hecho siempre hay al menos dos puntos de vista posibles. Pensar con otros posibilita que los diferentes puntos de vista se manifiesten, modera el riesgo de los veredictos poco fundados y reduce el peligro de que la evaluación quede limitada a la opinión de determinados grupos poderosos dentro de la organización (los accionistas, los que asignan presupuesto a la capacitación, las camarillas internas, los sectores gremiales, el área de Recursos Humanos o quienes fueren).

De estas dos premisas se desprende que:

- es preciso constituir un evaluador colectivo, que pueda dar cuenta de la diversidad del ente a evaluar;
- ese evaluador colectivo debe representar las diferentes perspectivas sobre el fenómeno que estamos considerando;
- el evaluador colectivo construye progresivamente un abordaje común, sin que esto implique una coincidencia absoluta entre las diferentes perspectivas;
- el producto de la evaluación –el informe de apreciación– es polifónico. En él están plasmadas las visiones compartidas entre quienes componen al evaluador colectivo (en el caso que nos ocupa, el Comité de Programa), pero también lo están las diferencias y desacuerdos. El consenso no reemplaza al disenso; ambos tienen su lugar.

Para comprender en qué consiste y cuáles son sus recomendaciones vamos a compararla, en el Cuadro 4, con los modelos cuantitativos[5].

---

5. Guba, E. & Lincoln, Y.: *Fourth Generation Evaluation*. SAGE Publications, California, 1989.

Cuadro 4. Evaluación cuantitativa y evaluación cualitativa.
Cuadro comparativo. Elaboración propia.

Evaluación cuantitativa	Evaluación cualitativa
• Evaluar es comparar resultados del programa con un estándar.	• Evaluar es identificar y valorar atributos del programa desde diferentes puntos de vista.
• Los evaluadores no deben contaminar con su subjetividad la recolección de los datos y la comparación con el estándar.	• La evaluación es intersubjetiva: los evaluadores negocian los marcos valorativos y los puntos de vista para analizar el programa.
• Los instrumentos para evaluar deben ser objetivos y precisos.	• La mirada atenta para percibir cualidades y el intercambio de perspectivas son los principales instrumentos.
• El evaluador debe ser neutral respecto del programa y del contexto en el que se produce.	• Los hechos no dicen nada si se los escinde del contexto en el que se producen.
• Los resultados deben ser cuantificados.	• Debe utilizarse un lenguaje fiel a los datos; el informe de evaluación no debe tergiversar los hallazgos.
• Si se siguen las prescripciones anteriores, el informe de evaluación refleja la realidad tal como es.	• El informe refleja la realidad tal como la ven los evaluadores; no hay un único modo de valorar y ninguna perspectiva es más verdadera que otras.

Entre los diferentes autores que proponen modelos cualitativos hay dos que nos interesan especialmente, porque especifican la teoría implícita con arreglo a la cual trabajó el Comité de Programa de este caso. Uno es el modelo de la evaluación como crítica artística (Elliot Eisner). El otro es la evaluación respondiente (Robert Stake). En la sección siguiente presentaremos ambas posturas, bajo la forma de recomendaciones para la acción.

¿Qué se puede hacer?

Recomendaciones desde la evaluación como crítica artística

Nos dice Elliot Eisner(1998) que para evaluar un programa educativo –al igual que para esbozar un comentario sobre una obra de arte– hay que saber mirar, develar el significado de las cualidades que se manifiestan. Y hay que saber comunicar ese significado a quienes no tienen el ojo suficientemente entrenado. El buen evaluador sabe descubrir, entender, permitir que otros vean a través de sus ojos.

En cuanto a las recomendaciones para la acción, Eisner propone las que siguen.

1. **Prestar atención a las cualidades**. Un buen catador de vinos sabe reconocer una serie de atributos o cualidades en las especies que prueba. Características como "seco", "con cuerpo", "añejado", que son para él claras y distinguibles, para quienes no entendemos de vino son imperceptibles. De la misma manera, al evaluar programas de capacitación estamos "catando" programas.

2. **Educar la mirada, aprender a observar cualidades**. La percepción de cualidades es posible sólo si el observador es idóneo. Solamente una persona perspicaz en enología puede calificar y describir diferentes tipos de vino. El buen catador busca sutilezas, afina la percepción, porque su interés reside en encontrar características peculiares y darlas a conocer. Análogamente, el evaluador perspicaz sabe mirar: su preocupación no reside en aplicar pruebas para medir resultados, sino en observar, compartir sus observaciones y expresarlas para que otros puedan ver a través de sus ojos.

3. **Apreciar las cualidades en contexto**. El catador de vinos, al percibir, conoce acerca de cada especie a

catar. Entiende el contexto: cómo se produce cada especie, en qué estación, con qué equipos, dónde y cómo influyen todos estos datos en el producto. Análogamente, para interpretar a qué podemos llamar "logro" asociado a un programa, es imprescindible entender el contexto en que se produce (modos de pensar y actuar, relaciones interpersonales, condiciones materiales, valores).

4. **Revisar permanentemente el criterio de evaluación**. El criterio por el cual se seleccionan y juzgan los datos no se define de una vez y para siempre. No es una cuestión de delimitar categorías de hechos que tendrían que ocurrir para después chequear en qué medida ocurren. Se trata, más bien, de *ir acordando* entre todos aquellos que estén participando en la evaluación, cuáles son las cualidades que merecen atención y qué dicen acerca del programa

5. **Elegir el lenguaje que mejor se adapte a los hallazgos**. No hay un lenguaje mejor que otros a la hora de comunicar los resultados. El "mejor" lenguaje es aquel que: a) refleja fielmente los datos, y b) es comprensible para la audiencia a la cual se quiere comunicar los resultados. Probablemente sea necesario elaborar diferentes reportes para diferentes audiencias, utilizando lenguajes distintos.

La evaluación respondiente

El término "respondiente" es la traducción de *responsive*. En inglés, *responsiveness* significa empatía, comprensión, sensibilidad, receptividad a los valores e ideas del otro. Por eso Robert Stake (1975) denomina *responsive evaluation* ("evaluación respondiente") al modelo que apunta a esclarecer las diferentes perspectivas de los individuos y grupos al reportar logros y fallas del programa.

Parte de la base de que nunca las perspectivas son coincidentes por completo: en todo programa podemos reconocer *agentes* (personas que participaron directamente en su elaboración, implementación o financiamiento), *beneficiarios* (personas a las cuales el programa afectó positivamente) y *víctimas* (personas a las cuales el programa afectó negativamente). La evaluación consiste en un proceso de negociación entre las diversas apreciaciones. En cuanto a las recomendaciones para la acción, el modelo propone un proceso relativamente detallado.

1. **Utilizar instrumentos humanos.** La evaluación respondiente no parte de preguntas específicas, hipótesis o resultados esperados que haya que responder o verificar. Los evaluadores, sobre la marcha, van consensuando qué buscar. Esto significa que el *diálogo* es el instrumento de indagación principal.
2. **Identificar los grupos más directamente vinculados con el programa**, teniendo en cuenta que siempre hay agentes, beneficiarios y víctimas.
3. **Identificar informantes clave en cada uno de los grupos directamente vinculados con el programa.**
4. **Entrevistar a varios informantes pertenecientes al mismo grupo.** Algunos autores sugieren indagar fundamentalmente acerca de los *logros* que perciben en el programa, los *reclamos* que formularían y los *temas críticos* relativos al programa que hayan generado o puedan generar polémica.
5. **Chequear qué tienen en común las apreciaciones de los individuos de un mismo grupo.**
6. **Repetir los puntos 4 y 5 para los otros grupos directamente vinculados con el programa.**
7. **Identificar las discrepancias y las coincidencias entre grupos.**

8. **Recolectar información adicional**, procedente de otras fuentes (la observación directa, la lectura de documentos, la conversación con personas vinculadas con el programa de un modo más periférico, etc.).

9. **Preparar un temario para la reunión de negociación entre grupos.**

10. **Seleccionar una o dos personas de cada grupo**, que integrarán un equipo de negociación.

11. **Conducir la reunión de negociación**
   - Explicitar los acuerdos y desacuerdos sobre el programa planteados hasta el momento por los distintos grupos de informantes.
   - Proporcionar la información procedente de otras fuentes.
   - Coordinar la conversación entre los integrantes del equipo de negociación y explicitar los nuevos acuerdos (si los hay, ya que las disidencias pueden persistir).

12. **Elaborar el informe** y validarlo con el equipo de negociación, teniendo en cuenta que:
   - no debe contener recomendaciones para la acción sino, simplemente, describir la experiencia;
   - deben constar los desacuerdos, si persisten;
   - no se debe forzar el contenido para adaptarlo a tal o cual formato de presentación (cuantitativo, gráfico, cronológico, etc.).

Ambos abordajes nos proponen interpretar, apreciar, entender entre varios los diferentes aspectos de un programa de formación. Nos previenen así de dos de los riesgos más frecuentes a la hora de evaluar: la *sobresimplificación* –que resulta de acotar en exceso la diversidad de facetas que todo programa ofrece para su análisis– y el "*egocentrismo*" que asume que la mirada propia es la verdadera y única posible.

Bibliografía

Camilloni, A., Celman, S., Litwin, E. y Palou de Maté, M.: *La evaluación de los aprendizajes en el debate contemporáneo*. Paidós, Buenos Aires, 1998.

Eisner, E.: *Cognición y currículum. Una visión nueva*. Amorrortu, Buenos Aires, 1999.

——————— *El ojo ilustrado. Indagación cualitativa y mejora de la práctica educativa*. Paidós, Barcelona, 1998.

Gore, E.: *Conocimiento colectivo*. Granica, Buenos Aires, 2003.

Guba, E. & Lincoln, Y.: *Effective Evaluation. Improving Usefulness of Evaluation Results Through Responsive and Naturalistic Approaches*. Jossey-Bass, San Francisco, 1981.

——————— *Fourth Generation Evaluation*. SAGE Publications, California, 1989.

Orellano, E. y Vázquez Mazzini, M.: "El caso Norte. Una experiencia de evaluación cualitativa", ponencia en el XI Congreso Nacional de Capacitación y Desarrollo organizado por la Asociación de Desarrollo y Capacitación de la Argentina, Mar del Plata, 1998.

Paín, A.: *Cómo evaluar las acciones de capacitación*. Granica, Buenos Aires, 1994.

Santos Guerra, M.: *Evaluar es comprender*. Magisterio del Río de la Plata, Buenos Aires, 1998.

——————— *La evaluación: un proceso de diálogo, comprensión y mejora*. Aljibe, Málaga, 1995.

Schön, D.: *El profesional reflexivo. Cómo piensan los profesionales cuando actúan*. Paidós, Buenos Aires, 1998.

——————— *La formación de profesionales reflexivos. Hacia un nuevo diseño de la enseñanza y el aprendizaje en las profesiones*. Paidós, Barcelona, 1992.

Stake, R.: *Evaluating the Arts in Education: A Responsive Approach*. Merril, Ohio, 1975.